3か月でトップセールスになる

質問型営業 最強フレーズ50

青木 毅
Takeshi Aoki

ダイヤモンド社

はじめに

営業の最大の武器は、「質問」です

営業とは何でしょうか？　お客様に商品・サービスを売る行為と思われがちですが、正しくは、**お客様に商品・サービスを買っていただく行為**です。

同じことを言っているように見えるかもしれませんが、まったく異なります。

営業とは、お客様の役に立つこと、これに尽きます。ゆえに、お客様の話をまず聞かなければいけません。これができない人は、トップセールスになれないでしょう。強引に売りつけて、一時的にトップセールスになっても、持続しません。

営業の最大の武器は、「質問」です。「説明」上手な人が求められる時代ではないのです。

営業とは、営業マンの質問によって、お客様自らに欲求やニーズを自分の言葉で話してもらい、それらを自覚してもらうことなのです。営業はその後に、お客様の欲求・ニーズに合わせた提案をすればいいのです。長々とした商品・サービスの説明など必要ありません。

この本は、「アプローチ」「プレゼンテーション」「クロージング」「フォローアップ」やお客様に新規顧客を紹介してもらう方法など、営業マンがお客様に買っていただくために必要な質問を中心とした会話をすべて書き出したものです。それも、**この通りに会話をしてもらえれば、3か月でトップセールスになるという最強フレーズ**です。

これらのフレーズを使えば、あなたは自然に真の営業がどういうものか実感できるようになります。

ただ、どのように質問すればいいのか、どのような順番で質問すればいいのかがわからないでしょう。そのための質問型営業におけるフレーズを、具体的に会話ベースで50個書き出しました。

これらは新人の営業から管理職、企業のトップ、また、営業経験がないのに、営業へ配属が決まったベテランの方々にまで使ってもらえる最強フレーズ50なのです。

営業で30年。その間に質問型営業を開発し、実践して18年。質問型営業を世の中に打ち出して8年が経ちます。実践していただいた3万人の声で、その効果に確信を深めてきました。

しかし、その過程で、より精度の高い効果を求められるようになってきました。結果、各企業、個人に対して、それぞれの商品・サービスに合わせた営業におけるシナリオを作成することが多くなりました。このベースになっているのが、今回の質問型営業最強フレーズ50です。

この本では営業における各段階ごとに、的確に使える質問型営業のフレーズを用意しています。自分が解決したい部分から読んでいただいても結構です。フレーズを使って効果を実感してみてください。この本全体で、質問をベースに営業が進んでいますので、フレーズ1から実践していただくと、効果がよりわかりやすく表れるでしょう。

効果を早く上げる方法は、次のたった2つです。

1. 各段階のフレーズをとにかく使ってみる

2. 効果を実感する

私は質問型営業を指導するなかで、実際に成果を上げる方々を見てきました。今まで成績の上がらなかった人が突然トップセールスになり、その後もトップを維持し続ける営業マンを数多く見てきました。

彼らが共通して行ったことは、**質問を中心としたフレーズを忠実に使う**ことです。

今までの自分のやり方を捨てて、とにかく素直に私の指導した通りにやっています。すると、お客様の表情、言葉、態度などのすべてが面白いように変わり、今までにない体験をするのです。もちろん、契約も効率的に取れます。

営業といえば新規開拓がつきものですが、これで困ることがなくなります。アポイントを取るのにも苦労しません。というのも、お客様から紹介していただける方法があるからです。これも、進化を続けてきた質問型営業の神髄といえるでしょう。

説明しなくても、質問するだけで、お客様から「買いたい」と言われる質問型営業ですが、極端な話、営業行為をしなくても、今回の50個のフレーズを巧みに使えば、売上を伸ばすことが可能なのです。

あなたにもぜひ、質問型営業最強フレーズ50を忠実に使っていただきたいと思います。そうすれば、お客様に喜んでもらえるうえ、驚くほど効果が上がり、ますます売上を伸ばすことでしょう。もちろん、あなたはわずか3か月で「売れる営業」「トップセールス」にもなれるでしょう。質問型営業であなたが成果を上げることを、心から楽しみにしています。

3か月でトップセールスになる　質問型営業最強フレーズ50　目次

第1章

なぜ、あのお客様は私の話を聞いてくれるのか？……19

第2章

なぜ、あのお客様は自分の話をするようになったのか？

第3章

なぜ、あのお客様の「欲しい!」を引き出せるのか?

第4章

なぜ、あのお客様は私から買ってくれたのか？

第5章 なぜ、あのお客様は新規顧客を紹介してくれるのか？……149

第6章

なぜ、売れる営業は自問自答を繰り返すのか？

第1章

なぜ、あのお客様は私の話を聞いてくれるのか?

質問で、お客様とコミュニケーションをとればいい

「アプローチ」では、お客様をこちらに注目させるだけでよいのです。そのために必要なのが、「質問」です。質問によってコミュニケーションが始まり、いつの間にか、お客様は親しげに話し始めます。そして、営業マンの話に重要性を持たせる「質問」をすれば、購入につながるのです。

アプローチの重要性を認識する

アプローチ、これは営業における重大な課題です。お客様との最初の出会いだからです。このときにどのようなやりとりをするかによって、お客様は営業マンに対する第一印象をよくもしますし、悪くもします。

「私の買い物に役立つ人なのか。それとも、単に物を売りたいだけなのか」、お客様はこれを素早く、感覚的に見分けるといっていいでしょう（あなたがお客様の立場で、営業マンからアプローチされている場合のことを考えるとよくわかるはずです）。

もちろん、欲しい商品が見つかれば買うでしょう。しかし、購入動機が商品自体の魅力のみであれば、営業マンは単なる売り子であり、あなたでなくてもいいのです。おそらく1回だけの買い物になり、今後そのお客様と会うことはないでしょう。

アプローチをきっかけに、お客様との接点を持てれば、あなたは営業マンとしてお役に立つことができます。お客様の望んでいることや困っていることを聞き出し、それに共感して、専門家として適切にアドバイスすることができるからです。

それは営業マンとしての役割を果たすだけでなく、お客様から感謝され、営業としての喜びを感じることにもつながるのです。

アポイントが取れるのはアプローチがうまくいった結果である

「アポイント」は、電話や飛び込みなどで面会の約束を取り付けるものです。当然のことながら、お客様は何もわからないまま面会の約束をしてくれるわけではありません。面会を取り付けるには、お客様自身が話を聞く必要があると感じ、聞いてみたいと思ってもらわないといけません。

電話や飛び込みでアポイントを取りつける場合に必要なのがアプローチ、最初の出会いでのコミュニケーションです。つまり、アプローチの結果としてアポイントの取り付けがうまくいくということなのです。

アプローチのコツ

電話でも面会でも、アプローチが大事です。アプローチがうまくいくには、お客様とのコミュニケーションが非常に重要です。

アプローチにおいて、「なぜ、あのお客様は私の話を聞いてくれるのか？」。これは、言葉を変えると「なぜ、あのお客様は私と話してくれるのか？」です。

どうすれば話してくれるのか。答えは「質問」にあります。なるべく、早く質問を切り出すのです。まず、親しみを込めて、温かい雰囲気で会話を始めます。

「お忙しいところありがとうございます」。この最初の言葉で相手の反応が変わります。目的を言ってから、次の質問を切り出すのです。「私どもは○○を提供しています。○○は使っておられますか？」といった流れで質問します。とにかく**お客様に質問をすることで、お客様に話してもらう**のです。

話し始めて3秒で質問に入ります。そして、コミュニケーションに持ち込み、しっかりと共感を示して、次の質問に展開していくのです。

アプローチで大事なこと

アプローチで大事なのは、営業マンが提案したい商品・サービスが、お客様の日常の問題を解決できること、お客様の願望を実現できることに気づいてもらうことです。

お客様が欲する商品・サービスは何か？　その答えは、お客様の頭の中に存在するのです。頭の中には、いろいろな情報が詰まっています。仕事のことだけでなく、日常生活のこと、子どものこと、趣味のことなど、さまざまです。その中に潜んでいる欲求・ニーズ、解決したいことなどを導き出すのです。

自社の商品やサービスを提案したいと思ったら、商品・サービスで問題を解決するイメージ、願望を実現できるイメージを頭の中に描いてもらうことが必要です。

そのためにはどうすればいいでしょうか。まず、お客様の日常にスポットを当てて、現在どういうことを考えているのか、どういうことを望んでいるかを聞いてみましょう。

会話をしていくなかで、お客様の欲求・ニーズや課題を引き出して、提案したい商品がそれらに役立つことを示せばいいのです。

「日常生活で役立つ素晴らしい商品があります」「お客様の生活はこの商品によって便利になりますよ！」などと話をしても、興味を持ってくれません。

お客様をこちらに注目させるには、**アプローチでお客様の口から現状の欲求・ニーズや課題を聞くこと**です。そのときに質問を中心としたフレーズは重要なものになります。それが次から示すアプローチにおける最強フレーズです。

売れる営業は、営業行為の否定から始める

1 「ご挨拶にお伺いいたしました」で、お客様に頭から拒絶されることがなくなる

アプローチで難しいのは、入り口です。どのように第一声をかけるのか、です。

これを間違うと最初から拒否されます。話を聞こうとさえしてくれません。世の中では、「営業＝売り込み」という観念がますます強くなっています。営業は売り込みではありま

せん。営業は担当する専門分野の情報を提供したり、お客様の状況をお伺いし適切なアドバイスをしたりする仕事です。結果として、採用していただく（買ってもらう）のです。ここをしっかり理解しないと、適切なアプローチができません。

私は営業コンサルティングの仕事をしています。その中で、同行指導をします。飛び込みや電話でアポイントを取る方法をアドバイスしますが、飛び込みの場合、多くの営業マンは次のようなやりとりになります。

営業マン「失礼します。○○社の者ですが、□□の担当者様はいらっしゃいますか？」
お客様「失礼ですが、ご用件をお伺いできますか？」
営業マン「はい、私どものご案内をさせてもらおうと思いまして」
お客様「そのようなことはお断りしていますが」
営業マン「少しの時間で結構なのですが……」
お客様「申し訳ございませんが、アポイントを取っておいでください」
営業マン「そうですか……」

このような断りを受け、営業マンは落ち込むのです。これは何が間違っているのでしょうか。

「ご案内」という言葉に問題があります。ご案内という言葉には、自社の商品の説明という意味が含まれます。これによって、最初から売り込みだと思われてしまうのです。

相手は、見ず知らずの営業マンから商品の説明を受けるほど暇ではありません。受付も、営業マンにはこのような応対をするように言われているのです。

では、どうすればいいでしょうか。**営業に行くのではなく、コミュニケーションをしに行くと考えましょう**。相手の状況を聞かせてもらい、そのうえで、必要ならば自社の話をさせてもらおうという姿勢です。それは次のようなアプローチになります。

営業マン　「失礼します。○○社の者ですが、□□の担当者様はいらっしゃいますか？」
お客様　「失礼ですが、ご用件をお伺いできますか？」
営業マン　「はい、**ご挨拶にお伺いしました**」
お客様　「アポイントはお取りでしょうか？」
営業マン　「いいえ、近くまで来ましたので、ご挨拶をと思いまして……」

お客様　「少々お待ちください」

これで少なくとも、頭から断られることはなくなるのです。この場合はあくまでも「ご挨拶」です。このアプローチには営業というイメージはありません。相手の状況を聞かせてもらい、自社の話をして、互いのことを理解するコミュニケーションを行うだけなのです。

相手の状況もわからずに「ご案内」というのは、余りにも身勝手な感じなので、断られるのは当然のことです。それを**「ご挨拶」と言うだけで印象が変わります**。実際、話す内容も変わるのです。

電話でアポイントを取る場合でも同じです。資料を送った後でアポイントを取るとしましょう。

営業マン　「お忙しいところ失礼いたします。〇〇社の者ですが、□□の担当者様はいらっしゃいますか？」

お客様　「失礼ですが、ご用件をお伺いできますか？」

営業マン「はい、私どもが先日お送りしました資料の件ですが」
お客様「そのようなことはお断りしています」
営業マン「少しの時間で結構なのですが」
お客様「申し訳ありません」
営業マン「そうですか……」

それが次のように変わります。

営業マン「お忙しいところ失礼いたします。○○社の者ですが、□□の担当者様はいらっしゃいますか?」
お客様「失礼ですが、ご用件をお伺いできますか?」
営業マン「はい、**ご挨拶のお電話です**」
お客様「お約束はお取りでしょうか」
営業マン「いいえ、先日、当社から事前に資料を送らせていただきましたもので……」
お客様「少々お待ちください」

営業マン自身が、営業の仕事を理解し、それを伝えるための言葉が「ご挨拶」であると理解しましょう。堂々とした態度と表現で臨むことにより、アプローチの雰囲気も変わってくるのです。もちろん、この言葉だけでアポイントが取れる、面会できるということではなく、確率が高くなるわけです。

そして、面会、電話のスタートで強く断られ、出鼻をくじかれることが少なくなるのです。断られた後、続けて他のところへアプローチするにしても、気持ちがめげません。「ご挨拶」という言葉には、そういう効果もあるのです。

2 「私どものことはご存じですか？」で、お客様にすぐ話してもらう

自分から訪ねて行って「私どものことはご存じですか？」という質問は、おかしいように思うかもしれません。ところが、意外に効果があるのです。

アプローチで重要なことは、お客様の注意を引きつけることです。そのためには、こちらを向いてもらう必要があります。そこで多くの営業マンは、自社の商品がいかにお客様のお役に立つかについて話そうとするのです。

これでは売り込みにしか聞こえません。「私どもの商品についてご紹介をしようと思い、訪問しました。こちらは……」とでも話をしようものなら、「宣伝!?」と思われ、お客様はとたんに心のシャッターを閉めてしまいます。

また、「お仕事の状況はどうですか?」などと言いながら、お客様との会話に持ち込もうとすると「用件は何?」「何をしに来たの?」と言われてしまい、やはり自社商品を紹介する状況に追い込まれます。

そこで、「私どものことはご存じですか?」という質問を使うのです。

〈知っている場合〉

営業マン　**「私どものことはご存じですか?」**

お客様　「知っているよ」

営業マン　「ありがとうございます。どんなイメージですか?」

お客様　「いろいろ宣伝をしているね」

営業マン　「そうなんです。覚えていただいてありがとうございます。宣伝から何か感じられることはありますか?」

〈知られていない場合〉
営業マン「私どものことはご存じですか？」
お客様「知らないね」
営業マン「そうですか。○○を提供しているのですが。□□については何か考えられていますか？」
お客様「まー多少ね」
営業マン「そうですよね。たとえば、どういうことを考えておられますか？」

「私どものことはご存じですか？」という質問によって、お客様が当社のことをどれぐらい知っているか、どんな風に思っているかがわかります。

お客様が知らない場合は、「○○を提供しているのですが」と素早く切り返せば、自分たちのやっていることをわかってもらえます。ここから、お客様にアプローチすればいいのです。

また、この**質問によって、お客様にすぐに話してもらうことができます。**お客様が嫌がるのは、自分自身が欲してもいない商品の宣伝を受けることです。お客様が何も言っていないのに、勝手に説明を始める営業ではいけません。

質問によってお客様の状況を聞かせてもらえるこの質問は、効果的です。ただ、質問をしてもお客様が無反応のときもあります。その場合も示しておきましょう。

営業マン「**私どものことはご存じですか？**」
お客様「知らないね」
営業マン「そうですか。○○を提供しているのですが。□□については何か考えられていますか？」
お客様「別に（何も考えていないよ）」
営業マン「では、今はどのようなことをお考えですか？」
お客様「ま、しいていえば……」
営業マン「なるほど。そうなんですね。それはどのようなことですか？」
お客様「それはだね……」
営業マン「なるほど。そういうことですね。実は、私どもの○○はその方向にも役立つものなんです。といいますのは……」

お客様から話をしてもらえば、それにしっかりと共感して、話を展開すればいいのです。質問を優先して会話をすると、お客様のニーズや欲求を引き出すチャンスが出てきます。

これは、自社の商品（サービス）に対するお客様が見込み客かを判断するうえでも非常に良い方法です。

3 「採用するしないは関係ありません」で、営業＝物売りというイメージを拭い去り、安心感を与える

お客様にとって、営業マンは物を売る人というイメージがますます強まっていることを先ほどお話ししました。このイメージが、営業を堅苦しくさせてしまっているのです。

確かに物が不足していた時代や情報を集めることが容易ではない時代には、商品の説明をして販売するだけでよかったかもしれません。

しかし、現代は物があり余っていて、情報もインターネットなどにより自分で調べることができる時代です。むしろ、お客様自身が情報過多で、どういうところにポイントをお

いて、どのようなものを買えばよいかがわからなくなっているのです。お客様にとって必要なのは、それらについてアドバイスしてくれる人なのです。

フレーズ2で紹介した最後の会話例の後に、次のように言ってみてください。

営業マン「私どもはお客様のお役に立つためのアドバイスが仕事だと思っています」
お客様「……」
営業マン「私どもの商品（サービス）を**採用するしないなどは関係ありません。**そんなことは気にしないでください」

初対面で重要なのは、お客様にリラックスしてもらい、気軽にコミュニケーションをとってもらうことです。

自分の感じていることや思っていることを話してもらい、自分自身の欲求やニーズに気づいてもらうことです。

この質問は、営業マンにとっても効果があります。売ることばかりを考えている営業マンは、緊張して堅苦しい会話を行いがちです。その状況から脱することができます。

自分自身がこのような言葉を口に出すことで、リラックスして、気軽にコミュニケーションができるようになるのです。

そして、物を売ることを前面に押し出すことなく、お客様と営業マンのコミュニケーションによって、商品の購入につなげるのです。

売れる営業は、場所・時間の確保を優先する

4 「お話しできる場所はありますか？」で、場所を確保できたら、お客様の聞く姿勢をつくれる

「お話しできる場所はありますか？」は、面会のアポイントを取り、訪問したときにも最初に言っていただきたいフレーズです。面会で名刺交換をし、自社の簡単な挨拶をした後に言っていただきたい質問です。

立ったまま話を始めてしまうと、お客様はそのような話で済むのだと考えます。した

がって、ここではまず、「お話しできる場所はありますか？」と質問してください。話ができるからと言ってすぐにその場で話を始めたり、「お客様が気を利かして、きちんとした場所を用意してくれるのだ」と思ったりすることは、営業マンとしては大きな間違いです。

当たり前のように、落ち着いて質問してください。

営業マン「お話しできる場所はありますか？」
お客様「そうですね。ではこちらにどうぞ」
営業マン「ありがとうございます」

営業マンはこの質問を無意識に嫌がります。「押し付けがましいのではないだろうか」「こんなことを言うと、お客様に嫌がられるのではないだろうか」と考えてしまうからです。

ところが、そんなことは決してありません。むしろ**お客様は、「日頃、営業に来る人とは違うな」とか「何か重要な話を持ってきたのかな」と感じ、営業マンの話を聞く姿勢を**

つくるのです。

では、断られたときはどうでしょうか。

営業マン「**お話しできる場所はありますか？**」
お客様「あいにく場所がふさがっていまして」(「当社にはそのような場所がありませんので」)
営業マン「わかりました。ではこの場所で大丈夫ですか？」
お客様「いいですよ」

「断られたらどうしよう」などと心配する必要はありません。断られた場合は、このように言えばいいのです。

このお客様の「いいですよ」はどういう意味でしょうか。「立ち話でかまいません。ここで話を聞かせてもらいます」という意思表示なのです。

自宅に訪問した際に、玄関で話をすることがよくあります。この場合は、次のように言うのがいいでしょう。

営業マン　「**お話はこちらの場所でいいですか？**」
お客様　「結構です」（「部屋が散らかっていますので、ここでお願いできますか」）
営業マン　「わかりました。ではここでお話をさせていただきますね」
お客様　「はい」

営業マンにとって大事なことは、**お客様にしっかりと対応してもらうこと**です。短い時間でも営業マンの質問に答え、そのことについて考えてもらうことです。そういう姿勢づくりには、この質問がいいのです。

5 「次のお約束は何時ですか？」で、時間を確保できたら、契約率は極めて高くなる

場所を確保できたなら、次は時間の確保です。このときに、「お時間大丈夫ですか？」とか「今から30分ぐらい大丈夫ですか？」という質問もいいでしょう。

むしろ、そのように言えばしっかりと時間を取ってもらえ、話を聞いてもらえる条件が整います。

ただ、お客様は、「そんなに時間がかかるんだ」と思い、どうしても「用事がありますので、なるべく早く済ませてください」なんて言いたくなります。そこで、そのように思わせない質問が「次のお約束は何時ですか？」です。

〈会ったのが1時とした場合〉
営業マン **「次のお約束は何時ですか？」**
お客様 「3時ですね」
営業マン 「わかりました」

面会のとき、私はこの質問を必ず行い、スタートすることにしていました。すると、「この営業マンは私のことを気遣ってくれているな」などと思ってくれます。

お客様も、次の約束は3時だと再確認し、むしろ落ち着いて話をしてくれるのです。目の前の時間について聞かれると、今ある仕事などを思い出し、忙しいように感じますが、**先の時間について聞かれると、むしろ気持ちに余裕ができます。**

営業マンはお客様に時間を確保してもらうことを遠慮しがちですが、ここでの質問も、先ほどの場所と同じように、ごく自然に、さらっと言うことが重要です。リラックスして、普通に言えばいいのです。

さて、今までの質問で、「場所」そして「時間」の確保ができました。ようやく、お客様が営業マンの話をしっかりと聞いてくれる環境ができたのです。

当然、内容のある面会になります。お客様は落ち着いて営業マンの質問にも答えてくれるでしょう。だからこそ、営業マンはお客様の欲求やニーズがわかるようになり、契約率が高くなるのです。

6 「何をお聞きになりたいですか？」で、お客様の購入への動機を高める

「場所」と「時間」を取っていただけたなら、次は「何をお聞きになりたいですか？」です。

この質問にも驚く方がいらっしゃるかと思います。「営業マンから訪ねておいて、なぜ、そう言えるの？」と思っておられるかもしれませんね。

事実、最初は勇気のいる言葉かもしれません。ところが、そんな心配はないのです。も

ちろん、言い方はあります。謙虚に言うことが重要です。そうすると、お客様が聞きたいことを答えてくれるのです。

営業マン　「（失礼ですが）**何をお聞きになりたいですか？**」
お客様　「この方法が本当に便利なのかということですね」
営業マン　「なるほど。そういうことだったのですね」

重要なのは、お客様自身が聞きたいことを答えることによって、より意識し出すことです。

お客様はあらためて、それが自分自身の欲求やニーズであると認識し、確認するのです。ただ、なかには反論に近い言葉があるかもしれません。そのときには次のように言いましょう。

営業マン　「（失礼ですが）**何をお聞きになりたいですか？**」
お客様　「いや、あなたが時間を取ってくれと言ったからだよ」（「何を言っているの?」)

営業マン「ありがとうございます。そうですね。確かに私もそのように言ったかもしれません。ただ、まったく興味のない方でしたら、時間を取っていただけないものですから……」

お客様「それはそうだね。実は……」

営業マン「なるほど。そういうことだったのですね」

このように言えば、やはり先ほどと同じような言葉が返ってくるのです。

私が指導するなかで、この質問が言えない営業マンが多いのも事実です。私も最初の頃は、恐る恐る言っていました。

なぜ、私がこの質問を言うようになったのか。それはこの質問が絶大な効果をもたらすとわかったからです。

「お客様に質問することが、こんなに効果のあることなのか?」と感じた頃から、私はいろいろな質問をすることができるようになりました。最終的にこのような質問も大胆にできるようになったのです。**この質問をしてわかったことは、ほとんどの人が聞きたいこと**

を気軽に言ってくれるということでした。

これで**お客様は自身の欲求やニーズが明確になり、購買動機を高めることになる**のです。

お客様が聞きたいことを答えるということは、「だから私はこの話を聞くのだ」「この話は私にとって重要なのだ」と自分に言い聞かせることになります。当然、営業マンとのコミュニケーションに真剣さが増し、質問にもしっかりと答えるようになります。

営業マンもお客様に聞きたいことを質問すると、「どのようなことが気になっているのか」「どのようなことを以前から考えていたのか」がわかるようになります。

両者の姿勢がコミュニケーションを深め、お客様自身の欲求やニーズを引き出し、その解決策について話し合うことができるようになるのです。

結果、「物を売る人」から「アドバイスをしてくれる人」という見方に変わるのです。

この質問のすごいところは、営業マンをまさに「物を売る人」から「アドバイザー」に変身させるところです。

7 「それについてはいつから考えておられましたか?」で、お客様自身が何もしてこなかったことを自覚させ、ハッとさせる

これまた、「びっくり!」な質問ではないでしょうか。「何をお聞きになりたいですか?」の質問の後に、「この方法が本当に便利なのかということですね」などとお客様が答えてくれたとします。その次にこのように質問するのです。

この会話のやりとりを表現すると、次のようになります。

営業マン　「それについてはいつから考えて(悩んで)おられましたか?」

お客様　「そうですね。随分前から考えていましたね」(「最近、そういうことを考えるようになりましたね」)

営業マン　「そうなんですね。具体的には何年ぐらいでしょうか? そのときに何かあったのでしょうか?」(「最近ということですが、具体的には何か考えるきっかけがあったのでしょうか?」)

お客様　「そうですね。実は……」

営業マン　「なるほど。そういうことだったのですね」

このやりとりで、お客様はどのように思うでしょうか。「随分、未解決のままにしていた」と思うはずです。それも、何年も放っておいたことを実感します。

この質問の効果は、**お客様自身が何もしてこなかったことを自覚させ、ハッとさせること**です。次に、「それをなんとかしなければ」と真剣に考えるようになるのです。

あるいは、「最近、そういうことを考えるようになったな」と思えば、同様の効果が得られます。「やはり、これをなんとかしなければ」と真剣に考えるのです。

質問によって、お客様が自分自身の思いや考えを見つめるのです。私たち人間の思考は**「感じる・思う→考える→行動」**で進んでいきます。

ここでは「それをなんとかしなければ」と感じ、思うことで、「どのようにすればいいのか」「どうやって解決するか」を考えるようになるのです。明確になれば、行動を起こしたくなるのです。それも自発的な行動になります。

これが質問の効果です。

「何をお聞きになりたいですか？」の質問で、「そういえば、このことを思っていたな」

と考えが深まります。「いつから考えて（悩んで）いたのか？」の質問でさらに自分の考えを深めます。このような形で進むことにより、「感じる・思う↓考える」の順にお客様の思考を進ませることができるのです。そして、お客様は自らそれを解決したいという気持ちになるのです。

ここでの質問は、やさしくやわらかく言うことがポイントです。

自分のことを振り返るということは、難しいことです。目や耳は、外に向いてついていますす。他人についてはよく見えるものです。その目と耳を内側に向けて自分自身を見なければいけません。それも、過去のことであり、そのときの自分の気持ちをです。営業マンがやさしく、温かく質問で手助けをしてあげることにより、そこに向かわせることができるのです。

8 「なんとかしたいと思いませんか？」で、お客様自身にその重要性を気づかせる

あなたはお客様に場所を取ってもらい、時間を取ってもらいました。そして、お客様が聞きたいことも質問しました。

それを、いつから考えていたのかも聞きました。
そこで、今までのことをまとめて次のように質問してもらいたいのです。

営業マン「○○さん、これをなんとかしたいと思いませんか？」
お客様「そうですね。なんとかできたらいいですね」
営業マン「では、いい方法があればどうですか？」
お客様「それは助かりますよ」
営業マン「いい方法ありますよ。実は……」

私たち人間の思考は「感じる・思う→考える→行動」というように進んでいくことをお話ししました。ここで重要なのは「感じる・思う」です。人間は感情の生き物です。感情でも特に重要なのは「欲求」です。
この欲求には2つあります。「実現欲求」と「手段発見欲求」です。「実現欲求」とは、「それを実現したい！」という欲求です。「手段発見欲求」とは、「それを実現するための方法、アイデア、手段を発見し、実現したい！」という欲求です。

ここでの順番は、あくまでも「実現欲求」が先です。この実現したいという気持ちがあってこそ、その方法、アイデア、手段を発見し、行動に移し実現しようとするのです。いくら実現に向けての素晴らしい方法、アイデア、手段を発見したとしても、それを実現したいという気持ちが弱ければ行動には移しません。

「なんとかしたいと思いませんか?」は今までのお客様への質問を通して、実現欲求を確認する質問です。この質問によって、お客様は「そうなんだ。私はなんとかしたいんだ」「なんとかしたかったんだ」という思いを高め、実現欲求を高めるのです。

フレーズ6の「何をお聞きになりたいですか?」も、実現欲求を高める質問なのです。「なんとかしたいと思いませんか?」という質問はお客様の実現欲求を再確認して、それをさらに高める質問になるのです。

次に、「では、いい方法があればどうですか?」という質問をすると、「そんな方法があるなら、教えてほしい」と、実現への手段発見の欲求も高まります。

先ほどの「それについてはいつから考えて(悩んで)おられましたか?」という質問は、「随分、未解決のまま放っておいたな。それをなんとかしなければ」と、お客様に気づかせるといいました。これは手段発見欲求を高める質問になっています。続けて、「では、いい方法があればどうですか？」の質問をすると、手段発見欲求を再確認し、さらに高めるのです。

このように見ると、これまでの質問が実現欲求と手段発見欲求を高めるものとして、システム的に組み込まれていることがおわかりになるでしょう。

営業で重要なのは**お客様の欲求やニーズを引き出し、それを実現するための手段を提示すること**です。

ここで、注意してもらいたいのは、現在はアプローチの段階だということです。これからプレゼンテーションに入り、具体的に話を聞いてもらうわけです。このプレゼンテーションを聞くことに対する興味を、この質問で聞いているのです。ですから、あくまでも軽くやわらかく聞くのがポイントです。

9 「気兼ねなく私の話を聞いてみられませんか？」で、お客様の警戒心を解く

売れる営業は、**「営業の仕事は情報提供」**だと心から思っています。世の中の人がすべ

て自分の商品・サービスを採用してくれればこんなにうれしいことはないのですが、むしろそれはありえないともわかっているのです。お客様の状況やタイミングがよければ採用されることもわかっているのです。

売れる営業は、**「仕事とはしっかりと情報を提供するために、お客様の警戒心を解き、オープンな気持ちで話を聞いてもらうこと」**だとわかっているのです。これをお客様に理解してもらうために、このフレーズを使います。

営業マン「○○さん、私どもの仕事は情報提供です。採用をするしないはまったく関係ないと思っています。**気兼ねなく私の話を聞いてみられませんか？**」

お客様「そうはいってもね」

営業マン「何か引っかかりますでしょうか？」

お客様「聞いた以上は採用しないと申し訳ないですからね」

営業マン「一切そんな気遣いは必要ありません。**気兼ねなく私の話を聞いてみられませんか？**」

お客様「そうですか」

営業マン「○○さん、むしろ、採用のことは考えないでいただきたいのです。あくまでも情報を仕入れるつもりで聞いてみてください」

お客様の中には、「聞いても採用しないのは申し訳ない」という方がいらっしゃいます。反対に、「聞いてしまうとすぐ採用したくなる」という方もいらっしゃいます。「営業マンは口がうまいので、それに乗ってしまうと買わされてしまう」などと思っている方もいます。

どちらにしても、「話を聞く＝買う」という図式になってしまっているのです。これをあくまでも、**「話を聞く＝情報を聞く」という図式で強調する**のです。

お客様に話の中で3回ぐらい、「私どもの仕事は情報提供です。採用をするしないはまったく関係ないと思っています」と伝える必要があります。1回や2回では聞き流されている場合があるからです。

アプローチにおいてお客様の警戒心を解き、いかにプレゼンテーションに入るかが、営業の重要なテーマです。そのためにストレートにこのフレーズを何回も言うことで、効果が表れるのです。

売れる営業は、お客様の「逃げ」に需要を見いだす

10 反論や逃げ口上に対し、共感＋「実はそういう方にこそ」で、アプローチやクロージングが嘘のようにうまくいく

営業においてのお客様の「反論」や「逃げ口上」は、乗り越えなければいけない大きな壁です。このうち「反論」は3つのパターンに分けられます。それは、「時間」「お金」「利益」です。

「時間」については、「話を聞く時間がない」「取り組む時間がない」「忙しい」「今やらなければいけないことがある」などです。

「お金」については、「購入するお金がない」「他のものに費用がかかっている」「余裕がない」などです。

「利益」については、「本当に成果が出るかわからない」「それが今必要なのかがわからない」「今のままでも十分やっていける」などです。

「反論」や「逃げ口上」は、多くの場合、営業の入り口のアプローチに出てくるか、最終の契約段階のクロージングに出てきます。

アプローチの場合には、もともと提案したい商品についての重要性を感じていないときに言われます。この場合は「反論」として現れることが多いでしょう。

クロージングの場合には、いいのはわかってもそれを採用するとなると当然のことながら費用がかかることから言われます。この場合は判断をもう少し慎重にしたいということから「逃げ口上」として、「少し考えさせて」「○○に相談する」などと表現されるのです。

営業マンは、これらの反論や逃げ口上が出てくると、なんとかそれを説得しようとしてしまいます。ところがこれが間違いなのです。

対処するには、鉄板の法則とそのフレーズがあります。これを知っているだけで、楽に対処できるのです。

それが「共感＋質問」です。第1段階では「共感＋たとえば？」。第2段階では「共感＋具体的には？」。そして、第3段階では「共感＋実は……」となります。**反論や逃げ口上にまずは共感し、その理由を聞いて、解決する**のです。例を次に示してみましょう。

〈時間の反論「取り組む時間がない」の場合〉

お客様　「○○さん、いいのはわかるんですが、私は取り組む時間がないんですよ」

営業マン　「そうなんですね。随分お忙しいのですね。**たとえば、**どのようなことで、お忙しいのですか？」（第1段階「共感＋たとえば？」）

お客様　「取り組まないといけないことがあってね」

営業マン　「なるほど、そういうことなんですね。**具体的には、**どういうことですか？」（第2段階「共感＋具体的には？」）

お客様　「今は重要なプロジェクトを抱えているんですよ」

営業マン　「なるほど、そういうことですね。それは大変ですね。**実はそういう方にこそ、**時間の効率化で役立つお話なんですよ。15分ほどで済みますので、私の話を聞いてみられませんか？」（第3段階「共感＋実は……」）

〈お金の反論「他のものに費用がかかっている」の場合〉

お客様　「○○さん、いいのはわかるんですが、今、他のものに費用がかかっているんですよ」

営業マン　「そうなんですね。いろいろな費用がいりますからね。**たとえば**、どのようなことに費用がかかっているのですか？」（第1段階「共感＋たとえば？」）

お客様　「今は子どもにかかってね」

営業マン　「なるほど、そういうことなんですね。**具体的には**、どういうことですか？」（第2段階「共感＋具体的には？」）

お客様　「学費にかかってね」

営業マン　「なるほど、そうなんですね。それは大変ですね。**実はそういう方にこそ**、経費の節約で役立つお話なんですよ。15分ほどで済みますので、私の話を聞いてみられませんか？」（第3段階「共感＋実は……」）

〈利益の反論「本当に成果が出るかわからない」の場合〉

お客様　「○○さん、いいのはわかるんですが、それをやって本当に成果が出るかわからないです」

営業マン「そうなんですね。まだ取り組んでいないので、そう言われるのは当然ですね。**たとえば**、何における成果ですか？」（第1段階「共感＋たとえば？」）

お客様「仕事で成果が出るかということですね」

営業マン「なるほど、そういうことなんですね。今まで取り組まれたものの成果は、**具体的には**、いかがでしたか？」（第2段階「共感＋具体的には？」）

お客様「結局、成果につながらなかったのですよ」

営業マン「なるほど、そうなんですね。そういうことでしたら、そのように思われるのは当然ですね。**実はそういう方にこそ**、成果を出すお話として役立つものなんですよ。15分ほどで済みますので、私の話を聞いてみられませんか？」

（第3段階「共感＋実は……」）

〈**逃げ口上**「少し考えさせて」の場合〉

お客様「○○さん、いいのはわかるんですが、少し考えさせてもらえますか」

営業マン「ありがとうございます。ご検討いただけるということ、非常にうれしいです。

たとえば、どのようなところを考えておられますか？」（第1段階「共感＋たとえば？」）

お客様「費用が捻出できるかということですね」

営業マン「なるほど、そういうことなんですね。**具体的には、**どういうことですか？」（第2段階「共感＋具体的には？」）

お客様「毎月の収入が決まっているので、その枠があるかどうかということですね」

営業マン「なるほど、そうなんですね。それで、考えたいと言われているのですね。**実はそういう方にこそ**役立つものなんですよ。その理由をお話ししますので、もう少しお時間をいただいてもいいですか？」（第3段階「共感＋実は……」）

〈逃げ口上「妻に相談する」の場合〉

お客様「〇〇さん、いいのはわかるんですが、妻に相談させてもらえますか？」

営業マン「ありがとうございます。奥様にご相談されるというのは、奥様を大切に思っておられる証拠ですね。素晴らしいですね。**たとえば、**どのようなご相談ですか?」(第1段階「共感+たとえば?」)

お客様 「これを購入することに、妻の了解をもらおうと思いましてね」

営業マン 「なるほど、そういうことなんですね。**具体的には、**どういうことがあるのですか?」(第2段階「共感+具体的には?」)

お客様 「毎月の収入が決まっているので、妻にも負担をかけますからね」

営業マン 「なるほど、そうなんですね。ですから奥様に相談したいと言われているのですね。○○さんはやさしい方ですね。**実はそういう方にこそ**お役に立つものなんですよ。その理由をお話ししますので、もう少しお時間をいただいてもいいですか?」(第3段階「共感+実は…」)

いかがでしょうか。この「共感+質問」の2段階と最終の「共感+実はそういう方にこそ」で、あらゆる反論、逃げ口上に対処できるのです。これこそ、営業マンにとって最強の鉄板の法則とフレーズといえるでしょう。

「共感+質問」は、さまざまな段階で応用可能です。詳しくは、後出のフレーズ17「『なるほど(共感)+具体的には(質問)』で、お客様との関係性が深まる」で、お話しします。

11 「この金額なんてものすごく安いものになりませんか？」で、お客様から言われそうなことを前段階で確実に打ち消せる

対処の仕方がわかっても、お客様が反論や逃げ口上を一度口に出すと、くつがえしにくいというのも事実です。

アプローチなどで言われる反論よりも、クロージング手前で言われる逃げ口上のほうがその傾向は、強いのです。「金額が高い」「少し考えさせて」「妻に相談する」などの言葉です。

これらの対処には、もう一ついい方法があります。プレゼンテーション（商品説明）のときに、それらを打ち消す言葉を事前に入れておくことです。例を示しましょう。

〈「金額が高い」の場合〉

営業マン「お客様、私どものサービスはカタログで選んでいただいた商品をご自宅にお届けするものです。自宅まで届けてもらえるとしたら、便利だとは思いませんか？」

お客様　「それはそうですね」

営業マン　「このサービスを使うのに、よく『配送代がもったいない』と言われる方がいらっしゃいますが、お客様が自分で買い物に行く場合、車ならガソリン代がかかりますよね。自転車でも、体が疲れるでしょう。そうではありませんか？」

お客様　「確かに」

営業マン　「実は、そのように考えると、**むしろ配送代は非常に安いものになりませんか？**」

お客様　「確かにそうですね」

〈「研修費が高い」の場合〉

営業マン　「〇〇社長のところでは、新入社員をどのぐらいの給料で雇用されていますか？」

お客様　「月20万円ぐらいですね」

営業マン「そうなんですね。それは社員が受け取る額ですよね。その他にも、保険料や営業費用などいろいろなものがありますよね。そう考えると、おそらく倍はかかっていることになりませんか？」

お客様「確かにそうですね」

営業マン「それで戦力になるには、何か月もかかります。少なくとも最低3か月はかかりませんか？」

お客様「そういわれれば確かにそうですね」

営業マン「私どもの研修は、今活動している従業員全員に向けたものになります。それは即戦力強化につながります。それが新入社員一人分の給与ぐらいの費用でできるとしたら、**この金額なんてものすごく安いものになりませんか？**」

お客様「確かにそうかもしれませんね」

営業マンには、お客様にその言葉を言われるとうまく切り返せないというものがあります。それらはどちらかというと、逃げ口上などの言葉そのものよりもその根底にある考え方なのです。これらを事前に切り替えてもらうのが、これらのフレーズの本来の意図です。

これらのフレーズによって、**営業マンはお客様だけでなく、自らの根底にある考え方を強化できるようになる**のです。同時に、**商品の価値を上げる**のです。その結果、自信を持って商品を勧めることができるようになります。

第2章

なぜ、あのお客様は自分の話をするようになったのか？

お客様に関する質問で、早く確実に売れる

なぜ、売れる営業は「アプローチ」から商談への流れがスムーズにいくのか。それはアプローチでお客様に好かれるからです。質問によって、お客様が「この営業マンの話を聞いてみよう」という気持ちを短時間につくるのです。

さらに、売れる営業はアプローチの会話の中で、お客様に対する「お役に立ちたい」という気持ちを確実につくり出します。そうして、この時点で売れる確率を確実に高めるのです。

雑談で純粋な動機をつくる

お客様に話していただくことは重要です。目の前の営業マンにお客様がいろいろと話をすれば、当然、話題はお客様自身の欲求やニーズにも及び、さらに深く考えてもらえるのです。

そのためには、**アプローチにおける「雑談」が重要です。雑談といっても天気の話や、**

社会状況の話ではありません。大事なのは、お客様自身のことです。

お客様自身の仕事や生い立ちなどに興味を持って質問するのです。営業と関係ないように思われる質問は、お客様からは雑談と捉えられるかもしれません。

けれども営業マンにとって、この部分は面会の流れをスムーズにし、面会に意味を持たせるためにあるのです。この雑談は意図的に行います。

売れる営業は、商品やサービスを提案する前に、お客様自身のことに興味・関心を持ち、深く関わろうとします。お客様のことを聞き、その人間性に触れ、「いい人だな」と思うことによって、「このお客様のお役に少しでも立ちたい！」という気持ちを自身の心につくり上げるのです。これを「純粋な動機」といいます。この動機をつくり上げることによって、売れる営業はお客様に現在の状況や課題を聞き、自社の商品やサービスについて自然に提案ができるのです。

「雑談」は、プレゼンテーションに入る理由や動機をつくるのです。

「この営業マンの話を聞いてみよう」という気持ちを短時間につくる

「この営業マンは私の人生に興味を持って一生懸命聞いてくれている」「こんなに私の話

をうなずきながら聞いてくれる営業マンがいただろうか」というような印象を、お客様が営業マンに対して持ってくれればどうでしょうか。

お客様は営業マンの質問に答えないということがなくなります。お客様は、営業マンが商品・サービスを自分に売りに来たなどという感覚はどこかに飛んでいってしまうのです。「自分の話をこの営業マンはこんなにも興味を持って聞いてくれている」と思い、「私の経験してきた話をこんなに熱心に聞いてくれるなんて本当にうれしい」という気持ちになってますます話し続けるのです。

そして、私の話を熱心に聞いてくれる営業マンだから、持ってくる商品・サービスはきっといいものなのだろうという感覚になるのです。結果、お客様は営業マンの話を真剣に聞こうとしてくれるのです。

「どうすれば、お客様は営業マンである私の話を聞いてくれるだろうか?」に対する答えは、**「『この営業マンの話を聞いてみよう』という気持ちをお客様の心の中につくり上げること」**にあります。**その秘訣は、営業マンがまずお客様自身の話を興味を持って熱心に聞くこと**です。

売れる営業は、「お役に立ちたい」気持ちを確実につくり出す

お客様に対する「お役に立ちたい！」という気持ちを、プレゼンテーションに入る前に営業マンがつくり上げなければいけません。それが、商品・サービスをお客様のために提案するということです。

売れる営業はお客様に対して、「お役に立ちたい！」という気持ちを確実につくり出しています。これをつくり上げることができれば、この後のプレゼンテーションは実にスムーズにいくのです。それは、お客様の側に立った、お客様のための提案になるからです。

では、お客様自身のことをいつ質問するか、です。名刺交換の後すぐに聞くことができればいいのですが、もしできなければ、アプローチの段階のフレーズ6「何をお聞きになりたいですか？」の後でもいいでしょう。また、アプローチの段階では聞けずにプレゼンテーションに入った場合は、後出のフレーズ18「なぜ、今回、この話を聞こうと思われたのですか？」の後がいいでしょう。この場合、どちらも話を切り替える必要がありますので、「ところで」と言って、質問に入るのがいいでしょう。

売れる営業は、お客様の過去から未来を知りたがる

12 名刺を見て「この名前に、何か由来があるのですか?」で、個人的なことを聞き、お客様と短時間で親しくなる

お客様に興味を持って質問するきっかけは名刺にあります。名刺には、会社名や個人名が書いてあるからです。まず、その人の名前に注目しましょう。そして、質問するのです。自分に興味を持ってもらうのは、誰でもうれしいものです。

営業マン「○○さんのこの△△というお名前は珍しいですね?」
お客様「そうですね。あまりないのです」
営業マン「**この名前に、何か由来があるのですか?**」
お客様「——という意味があるのです」
営業マン「そうなんですね。誰が付けられたのですか?」

お客様「私の父が付けてくれたみたいです」
営業マン「そうなんですか。だから○○さんは、たくましく颯爽とされているのですね」

「このお名前はなんとお読みするのですか？」「このお名前に何か由来はあるのですか？」「お国はどちらですか？」といった質問で、その人の情報が聞けるのです。こうした個人的な情報から、その人の歴史に入っていけます。たとえば以下のようにです。

営業マン「○○さんの○○という、この苗字は珍しいですね？」
お客様「そうですね。あまりないのです」
営業マン「**お国はどちらですか？**」
お客様「東京の△△なんですが、そちらには比較的多いようです」
営業マン「ということは、そちらで育ったのですか？」
お客様「私は、□□県でして、父の故郷が東京の△△なんです」
営業マン「そうですか。□□県は行ったことがあります。子どもの頃からですか？」

お客様　「そうですね」
営業マン「□□県は気候が暖かくていいところですね。だから、○○さんは、明るく爽やかな感じなのですね」

名刺には情報が書かれているので、自然に聞けるのです。お客様は営業マンが自分の個人的なことに興味を示すのをうれしく感じ、営業マンにも興味を持ってくれて、一気に親しくなるのです。

ただ、なかには名前のことを聞かれるのが嫌な人もいます。その場合は、その話から次の話題に移ればいいのです。

13 「○○さんは、なぜこの仕事に就いたのですか？」で、お客様は自分に興味を持ってくれていることを知り、喜ぶ

個人的なことを多少聞けたら、次はこのフレーズです。「○○さんは、なぜこのお仕事に就いたのですか？」です。これもまた重要な質問です。

ここから、その人の大事にしていることや生き方が見えてきます。そこに共感できれば、

人間として尊敬でき、また親しみを持つことができるのです。経営者なら起業したときのことを聞くことにより、その思いは言葉になってあふれ出すのです。

営業マン　「**○○さんは、なぜこの仕事に就いたのですか？**」
お客様　「もともと、このような分野の仕事が好きでしてね」
営業マン　「そうなんですか。なぜお好きなんですか？」
お客様　「小さい頃から、なんとなく興味を引かれましてね」
営業マン　「何かさらに興味を引かれるようなきっかけがあったのですか？」
お客様　「そうなんですよ。たまたま社会見学で行った会社がこの仕事をしていましてね」
営業マン　「なるほど。そのときに何か思ったのですか？」
お客様　「子ども心に私もやってみたいと思いましてね」
営業マン　「それはすごいですね。○○さんはどのようなお子さんだったのですか？」
お客様　「そうですね。私は……の子どもでした」

これは、私も非常に大事にしている質問です。お客様がその仕事に就くということは、人生において何がしかの出合いがあったからです。そこには、ドラマがあるのです。

営業マンは、「私は目の前のお客様とたまたま出会った。このお客様の人生を聞かせてもらうことによって、私自身が別の人生を味わえる」――そんな気持ちで聞けばいいのです。

お客様への質問をしている間に、あなたはお客様の人生を共有します。

そんなときに、あなたの心の中に湧いてくる感情があるのです。「いい人だな!」「何か私にできることがあれば応援したいな!」という気持ちです。

これが純粋な動機です。お客様は自分自身のことをこんなにも興味を持って聞いてくれた営業マンに感動さえ覚えるのです。その営業マンを好きにならないわけがありません。一気にその距離は縮まり、親しみは増します。お客様は壁を取り払い、さらにいろいろな話をしてくれるのです。

14 「いろいろな経験をされているのでしょうね？」（過去を聞く）で、お客様の内面に踏み込むことにより、本当にいい人だと思われる

「〇〇さんは、なぜこの仕事に就いたのですか？」で、お客様は自分がこの仕事に就いた理由など、過去のことを話してくれました。そこで「いろいろな経験をされているのでしょうね？」と続けると、会話は一気に加速します。

営業マン「〇〇さんは、**いろいろな経験をされているのでしょうね？**」
お客様「私の経験など知れていますが、私なりにはいろんなことがありましたね」
営業マン「特に印象深いことは何でしょうか？」
お客様「会社をつくってまもなくの頃の話ですね」
営業マン「それはどのようなことですか？」
お客様「大きなクレームがありましてね」

お客様は、一気にその頃のことを思い出して話してくれるでしょう。感傷的になるかも

しれません。営業マンはそれに聞き入り、味わうのです。

聞くことによって、2つのことが起こります。**一つは親しくなること。**旧友とでも話しているような親しみが増してくるのです。**もう一つはお客様が自分自身の人生を立ち止まって、見つめ直す時間が生まれること**です。

あなたが今までに出会った人のことを思い出してください。自分自身のことを過去にさかのぼって熱心に聞いてくれた人がどれだけいるでしょうか。そのように考えると、この面会におけるあなたとの時間は、お客様にとって忘れがたいものになるのです。なぜなら、その貴重な自分自身の体験を思い出させてくれ、再度味わわせてくれたからです。この質問はすごい威力を持っているのです。

この質問の威力を認識してください。一つの質問によって、その人の人生を聞かせてもらい、その人の人生を味わい、そして、親しくなれるのです。

15 「そのような経験をされて今があるのですね」（現在を聞く）で、お客様は営業マンに完全に心を開く

「そのような経験をされて今があるのですね」は非常に重みのある言葉です。**今までのお**

客様の話を全面的に肯定するものだからです。お客様のことをいろいろ聞かせてもらい、それに共感し、しみじみとこの言葉を言っていただきたいのです。

営業マン「○○さん、**そのような経験をされて今があるのですね**」
お客様「確かに、なんとかやってきましてね」
営業マン「そうですよね。その経験があって現在の活躍があるわけですからね」
お客様「その分だけ頑張って、なんとか形にしていきたいと思っています」
営業マン「きっと、その思いの入ったいいものができていくと思います」
お客様「ありがとうございます」

もし、お客様が営業マンからこのように言われたら、今までの人生のすべてを承認された感覚になるでしょう。目の前の営業マンに抱きつきたくなるぐらいの感情を持つかもしれません。今までにそのような人が何人いたでしょうか。

私には、この強烈な体感があります。30年以上前の話ですが、私は大学は工学部を卒業したものの、飲食業の会社に入りました。アルバイト就職のような形でしたが、私なりに将来を考え、一大決心をして勤めました。順調に会社は発展しましたが、結局経営がうまくいかず、入社6年後に倒産しました。倒産前に状況はある程度わかっていましたが、自分が決意して入った会社です。最後までやり切ろうという気持ちで、倒産するまで辞めませんでした。28歳のときでした。

倒産後、再就職のために、いろいろな会社の面接試験を受けました。どの会社も、面接での質問は決まっていました。「なぜ、工学部なのに飲食業へ就職したのか？」「なぜ、潰れるまで働いていたのか？」というものでした。

そんななか、私の話を一切否定せず、最後まで聞いてくれた人がいました。その人は会社を立ち上げたばかりで、まだ従業員3人ほどの会社の社長でした。その社長はこう言ったのです。

社長「青木さん、そういう経験があったんですね」

私　「はい」

社長「君は、偉い！」

この言葉に私は、一瞬びっくりしました。今まで面接で疑問を持たれたり、否定されたりしてきた私には、「えっ!?」と驚くぐらい信じられない言葉でした。挫折感を持っていた私を全面的に認めてくれたのでした。私は涙が出そうになりました。そして、決意したのです。「この会社で働こう！」と。

この「君は、偉い！」という言葉は、私の人生を決めました。その後、私はその会社に就職し、一生懸命仕事をしたのです。結果として、会社は5年で50人近くの規模になりました。私は自分自身の営業活動と成果が認められ、最終的に専務取締役に抜擢されました。私の活躍の裏には、この言葉があったのです。

あなたもお客様の人生を聞き、同じような言葉で承認できたなら、おそらくお客様に大きな喜びと勇気を与えることでしょう。この言葉が出るぐらいの聞き込みをして、そのうえでこの言葉を言うことができたら、お客様はあなたの話を全面的に信頼してくれます。

16 「今後、どのような人生を望んでおられますか？」（未来を聞く）で、お客様は本音を打ち明ける

「今後、どのような人生を望んでおられますか？」は、個人のことや会社のことを聞く流れで使う最後の言葉です。あらゆることを認められたときに、人は未来を見るようになるものです。

営業マン「〇〇さん、今後、どのような人生を望んでおられますか?」
お客様「そうですね。今までお話ししたように自分なりに一生懸命やってきたのですが、今後、ぜひともやっていきたいことがあるんですよ」
営業マン「そうなんですか。それはどのようなことですか?」
お客様「それは、私の夢でもあるのですが、この製品を世界のブランドにしたいということなのです」
営業マン「すごいですね。それはぜひとも実現してほしいですね」
お客様「そうですね。やりたいですね」

すべてを認められると、人は心の奥底に隠してあることを打ち明けるようになるのです。今までの話の中で、少しでも否定されたり、疑問視されたりしていたら、このような話は絶対に出てこないでしょう。認められたからこそ、出てくるのです。

しっかりと話を受け止め、そのように言ってくれたお客様に対応をしてあげてください。あなたという営業マンに心を開くのです。あなたが感じている以上にお客様は今までの話に重みを感じるのです。それらの気持ちを引き出し、あらためて決意させてあげてください。

このように個人や会社にスポットを当てて、お客様の過去・現在・未来へと時間軸を移動させながら、質問することにはすごい効果があります。これは、営業へとスムーズに入るためのテクニックではありません。

営業とは、商品・サービスを単に売る、提供することだけではないのです。**営業は、人々に貢献する仕事なのです。お客様自身に興味を持ち、お客様の人生を聞き、そのお客様の人生や日常に役立つ仕事なのです。**そういう意味において、この部分の質問は非常に重要です。

売れる営業は、「共感＋質問」でお客様の話を深める

17 「なるほど（共感）＋具体的には（質問）」で、お客様との関係性が深まる

「共感＋質問」には、第1段階「共感＋なぜ？」、第2段階「共感＋具体的には？」、第3段階「共感＋ということは？」という展開もできます。実例を示しましょう。

営業マン　「〇〇社長が、今までで一番印象に残っている出来事は何ですか？」
お客様　「やはり、自分の創業のときのことですね」
営業マン　「そうなんですね。それは**なぜですか？**」（第1段階「共感＋なぜ？」）
お客様　「やっぱり、あのときはこれから頑張ろうという希望と本当にやっていけるのだろうかという不安で揺れる日々だったからね」
営業マン　「なるほど。**具体的には**、どのようなことがあったのですか？」（第2段階「共

感＋具体的には？・」）

お客様　「自分が独立したとき、何もなくてね。一つずつ必要な機械を揃えていったよ」

営業マン　「そういうことがあったのですね。**ということは、**そのような経験をされて、今はどのようなことをお考えですか？・」（第3段階「共感＋ということは？・」）

お客様　「そうですね。いつも原点に返って、一生懸命やらなくてはね」

この段階について、さらに詳しく説明しましょう。

第1段階　共感「そうなんですね」（シングル）＋質問「なぜですか？（そのように考えられるのですか？）」

この共感で、お客様は寄り添われた感じを覚え、喜んでくれます。その後、質問すると、その理由を話してくれるのです。

第2段階　共感「なるほど、そういうことですね」（ダブル）＋質問「具体的にはどのようなことですか？」

この共感で個人的に褒められると、さらにオープンになります。その後、質問すると、具体的にそのことを教えてくれるのです。

第3段階　共感「そういうことがあったのですね」（トリプル）＋質問「ということは？（ということを通して、どういうことをお考えですか？）」

この共感で自分のことを認めてくれた営業マンを大好きになり、どんどん本音が出るようになります。その後、質問すると、結論を言ってくれるのです。

一つの話題から、少なくとも3回掘り下げるのです。これを「トリプル共感」と呼んでいます。そのときに必ず、「共感＋質問」をします。特に共感は重要です。3回も共感してもらえれば、お客様は本当にうれしくなって、さらにいろいろと話してくれるのです。

私自身が質問型営業の指導をしていて、いろいろな相談を受けます。それは、「お客様との会話がどうすれば続くかわからない」「どのような質問をすればいいかがわからない」「質問をしても続かない」などです。

売れる営業には、このような悩みがありません。彼らは、お客様との会話は一つの話題をきっかけにどんどんと展開させることができるからです。展開とは、「深めること」です。

決して「広げること」ではないのです。それにはコツがあり、パターンがあるのです。

コツは、**「お客様の話を興味・関心を持って聞く」**ということです。売れる営業は、お客様自身とお客様の欲求やニーズ、それらを実現するための課題に対し、常に興味・関心を持っているのです。それを自分事として聞くことができるので、素直に共感することができるのです。「このお客様にどんなことがあったのだろう？」と純粋な興味が湧いてきて自然と質問が出るのです。結果として、内容をどんどん具体的に聞いていくことになり、話が深まります。

話を深めるコツは、「まるで自分が体験するような気持ちで話を聞く」ということなのです。

次は、会話を深めるためのパターンですが、これは「共感＋質問」です。

共感には、次のようなものがあります。

①「なるほど」「そうなんですね」――お客様の返答を肯定的に受け入れた表現
②「さすが〇〇さんですね」――お客様を褒める部分も入れた表現
③「〇〇さん、(辛かったですね)よく頑張っておられますよね」――お客様を労う表現
④「私も同じ経験がありますからよくわかりますよ」――お客様の体験に共感する表現

質問については、次のようなものがあります。

①「それはどういうことですか?」――話をさらに具体的に聞く質問
②「たとえば?」――話の具体例を聞く質問
③「なぜ?」――話の動機や理由を聞く質問
④「ということは? どういうことですか?」――話の結論やまとめを聞く質問
⑤「ということは? どうすればいいとお思いですか?」――話から今後の方針を聞く質問

質問は、コミュニケーションを円滑にして、人間関係をつくるためのものではないのです。質問はお客様の感じていること、思っていること、考えていること、さらに相手の大事にしていることや価値観も含めて、お客様を知るためのものです。話を深めれば、その人の生き方、人間性、大事にしていること、価値観が見え、お客様を知ることができるのです。結果、人間関係ができて、コミュニケーションも円滑になるのです。

ですから、話を深めるための質問は、状況に応じて①~⑤の順番が変わることもありますが、話を妨げないように、短くあるべきなのです。

第3章

なぜ、あのお客様の「欲しい！」を引き出せるのか？

プレゼンテーションでは説明をせず、質問のみで十分

「プレゼンテーション」がうまくいく秘訣は、**すぐに商品・サービスの説明をしない**ことです。

お客様の状況、欲求、ニーズを徹底的に聞き出し、課題を見つけることです。その解決策として商品・サービスを提案します。そうすれば、お客様に熱心に聞いてもらえるのです。そのプレゼンテーションはお客様にとって、インパクトのある提案になり、確実にクロージングに向かっていくのです。それだけではありません。インパクトのある提案はお客様にとって魅力あるものになるのです。

売れる営業のプレゼンテーションとは何か？

プレゼンテーションとは何でしょうか。「導入してもらいたいテーマや企画について、効果的に提案するための技法のこと」です。営業でいえば、お客様に商品やサービスを的確に提案することです。

大事なのはこの提案をどのようにすればいいのか、です。売れる営業はそれを知っています。その答えは、**お客様の欲求やニーズ、それを実現するための課題の解決に沿って行う**ということです。

いくら商品・サービスを提案しようが、その提案がお客様の欲求やニーズを叶えるものでなければ意味がないのです。

ここで重要になってくるのは、**営業マンもお客様も欲求・ニーズをしっかり理解したうえで、プレゼンテーションに入っているか**ということです。

「お客様自身がわかっているつもり」、もしくは、「営業マンがわかっているつもり」の状態で、プレゼンテーションに入ると、ズレが生じ、肝心なところでピントが合わず、お客様の心に届かないことになるのです。

一通りの提案をした後に、お客様が「一度考えさせて」「もう一度家に帰って検討する」などと言われる場合がよくありますが、これはピントの合っていない状態でプレゼンテーションを行ったことが原因です。ピントが合っていれば、「すぐさまやりたい！」となるはずです。このピントをいかに合わせて、お客様の心に届く、インパクトあるプレゼンテーションを行うかが最も重要といえるでしょう。

そのために質問を使います。お客様の欲求・ニーズを引き出し、課題を明確にするための質問を適切な順番に組み立てたものが質問型営業なのです。これは誰にでもできる簡単な方法で、トップセールス、売れる営業になれるものなのです。特に、プレゼンテーションでは効果を発揮するでしょう。

今の営業方法の多くは説明型営業

日本の営業手法というのは、「おもてなし」の言葉にあるように、お客様を立てるお客様主体のものでした。それが高じて、営業マンが足しげくお客様のところに通いつめるような営業にまでなったのかもしれません。お客様はそのような営業マンの熱意に負けて、購入するということもあったでしょう。でもこれが日本の営業の良さでした。

その後、アメリカの営業手法が日本に導入されました。非常に論理的で、体系付けられた「プレゼンテーション」という名の営業手法でした。この営業手法が入って、40年以上になります。今の日本の多くの営業マンはこの営業手法を取り入れています。効果的なこのプレゼンテーションで成果も上がりました。ただ、問題がありました。それは営業マンが説明を主軸にプレゼンテーションを行い、お客様はそれをひたすら聞くということです。

カナダの「ＴＥＤ」という番組が全世界に広がり、今、ユーチューブなどでも紹介されています。これは、学術・エンターテインメント・デザインなどさまざまな分野の人物がプレゼンテーションを行う番組です。この番組こそが、プレゼンテーションの見本のようなものです。聴衆が聞く姿勢を持って発表者のプレゼンテーションを聞くのです。このようなプレゼンテーションであれば、最大の効果を示すでしょう。

欧米では、このＴＥＤに見るようなプレゼンテーションが営業の分野にも持ち込まれているのです。欧米では商品・サービスが自分自身に役立つかどうかを判断するためにプレゼンテーションを聞くというスタンスがもともとあるからです。この営業手法が日本に導入されましたが、日本での営業の場合は誰もがプレゼンテーションを聞いてもらえるわけではないのです。

人間関係を重視する日本の場合は、いくらいい商品・サービスであろうと、営業マン自身がお客様に信用してもらえなければ、プレゼンテーションを聞いてもらえる状態にはならないのです。

これが日本と欧米の営業の違いなのです。それがわからないまま日本の多くの営業マンは、その欧米の営業のやり方を忠実に真似しました。日本の風習と合わない違和感のある部分も含め、踏襲してきたのです。それが功を奏して、営業で成果を上げた部分もありましたが、マイナスの部分も大いにありました。説明が中心のため、お客様を説得しようとなりがちになり、お客様自身の欲求・ニーズや課題の聞き込みが非常に弱くなるという点です。

「日本式営業と欧米式営業では違うはずだ。一体、何が違い、どうすればいいのだろうか？」、このようなことを考えた結果、私は現在の質問型営業とそのプレゼンテーション手法にたどり着いたのでした。

売れる営業は、お客様に自分たちの出会いを確認させる

18 「なぜ、今回、この話を聞こうと思われたのですか？」で、お客様の購入への動機をさらに高める

この質問は、アプローチのフレーズ6「何をお聞きになりたいですか？」と同じ傾向の

質問です。前回の面会に対して、今回は提案を聞くことに時間を取っていただいたので、このようにあらためて質問するのです。

この質問も、突飛に思われる方が多いことでしょう。お客様が素直に答えてくれればいいのですが、営業マンがお叱りを受けることもあるのではないかと考えるからです。たとえば、「君が話を聞いてほしいと言ったから会ったんだよ。何言っているんだ」などです。

ところが、売れる営業はこのような言葉にも次のように返せるのです。「もちろん、そのようなことは言ったかもしれません。でも本当に興味がなければ時間を取ってはいただけないはずなのです。その理由は何ですか？」と（もちろん、やさしくやわらかく言うことは重要です）。このように言えるのはなぜでしょうか。

それは、営業の目的をしっかり押さえているからです。**目的は「お客様へのお役立ち」**です。自分のために営業に行っているのではないのです。

この「なぜ、今回、この話を聞こうと思われたのですか？」は、「お役立ち」を浮き立たせる質問です。

売れる営業は、このことをしっかりとわかっているのです。営業というよりもアドバイザーやコンサルタントであるという気概を持っているのです。

極端にいえば、この質問ができるかどうかで、お客様と営業マンの関係が決まってしまうのです。

営業マン「お時間を取っていただき、ありがとうございます。ところで、なぜ、今回、**この話を聞こうと思われたのですか?**」
お客様「あなたの言われたように既存の取引先ばかりで、マンネリになっているようなことがありますので」
営業マン「それはどういうことですか?」
お客様「他の同業者の情報だけでも聞いてみてもいいかなと思いまして」
営業マン「なぜ、そのように思われたのですか?」
お客様「やはり、前回もお話ししましたが、利益が出にくくなりましたからね」

このように**お客様が話を聞こうと思った理由を質問することにより、お客様の欲求やニーズを掘り下げることができる**のです。

この質問をしないと、説明に入るしかなくなります。

説明中心の話になると、お客様は、「話を聞くだけ」で終わってしまい、「自分の欲求・ニーズを実現し、その課題を解決する」ということに焦点が絞れなくなります。お客様は、「まずこの話を聞こう。そして、私のニーズ・欲求を叶えることができるかを今後考えてみよう」となるのです。

本当は、「自分の欲求・ニーズを叶えるためにこの話を聞こう」となる必要があるのです。

それが、「なぜ、今回、この話を聞こうと思われたのですか？」という質問でお客様にその気持ちになってもらえるのです。

19 「再度お客様の現状からお聞きしていいですか？」で、現状を把握してもらう

この質問は、「なぜ、今回、この話を聞こうと思われたのですか？」の後で、行うものです。

営業マン「ぜひお役に立ちたいと思っていますので、再度お客様の現状からお聞きし

ていいですか？」

お客様「いいですよ」

営業マン「私のほうでももちろん把握していますが、再度ご質問しますね。簡単で結構ですので、もう一度、お話しいただけますか？」

お客様「もう一度ですか？」

営業マン「はい、そのほうが私も、今回の提案が本当にお役に立つかの判断ができますので」

お客様「なるほど。いいですよ」

このように言うと、非常に答えてもらいやすくなります。ここでは2つの場面があります。

①一回目の面会でアプローチをして、二回目の面会でプレゼンテーションをする場合

②一回目の面会でアプローチをして、そのままプレゼンテーションに入る場合

どちらの場合にも同じように質問していきます。これには理由があります。お客様自身がこの質問に答えることで、再度この内容を深く自覚するからです。

一回話したことを、再び話すことによって、二回目はより深く内容を理解し、欲求やニーズ、課題がはっきりとし、行動への動機が強まるのです。

この意図がわからない営業マンは前回のお客様の話を簡単にまとめて、すぐに商品やサービスの説明に入ろうとしてしまうのです。

このように営業マンにまとめられると、お客様は自分で言ったことでも印象が弱くなるのです。大事なことは、話の内容ではありません。内容について、**お客様がどのように感じ思い、どのようにしていきたいかという気持ち**なのです。

営業マンはそれをわかっていなければなりません。**「人は感情によって動くのであって、理屈で動くのではない」**ということです。ですから、あえて感情を引き出すためにも、お客様自身に話をしてもらわなければいけないのです。お客様が自分自身で話をするということの重要性をしっかり理解してください。

売れる営業は、説明をしない

20 「現状はどんな感じですか？」（現状を聞く）で、現実を見つめれば見つめるほど、お客様の欲求が湧いてくる

人は自分で話をすればするほど、その内容を自覚します。自分の現実を話すほどはっきりとしてくるのです。ここでの質問は、あらためて現状を聞くものです。この現状を聞くということは非常に重要です。

営業マン「現状はどんな感じですか？」
お客様「今現在は……ですね」
営業マン「それはどういう状況なのですか？」
お客様「……ですね」
営業マン「具体的にはどういうことが起こっているのですか？」

お客様「それは、……と……のようなことですね」
営業マン「それは、どのようなことですか？」
お客様「具体的にいいますと、……のようになっていますね」
営業マン「それを○○さんはどのように感じられているのですか？」
お客様「そうですね……」

ここでは、今の状況を深く掘り下げていきます。営業マンが質問することによって、お客様は現状にピントを合わせて、はっきりと自覚するようになりますし、感情も思い出します。

そうすると、どうしていきたいかの欲求も出てくるのです。営業マンは、現状がわかるようになるまで掘り下げることが重要です。「ここまで聞いたら、しつこいかな」「あまり聞くと、嫌がられるのではないかな」などという遠慮はいりません。

営業マンは、自分が売るために質問しているのではないのです。**お客様にしっかりと現状を見つめてもらって、お客様がどのようにしていきたいかを感じてもらうために質問している**のです。

すべては、**お客様の現状とその気持ちを聞くことから始まる**のです。**現状を聞くことでこの後の提案の採用が決まる**といっても過言ではないのです。

現状をしっかり聞いている営業マンは、お客様の状況を理解し、感情も理解します。心理学上ではこの状態を「ラポール」といいます。今どのように感じ、今後どのように進めていくかを一緒に考える状況になるのです。これこそが現状を聞く意味なのです。

21 「どのようにしたいと思っておられますか?」(欲求を聞く)で、お客様が言葉にすることで、欲求を自覚させる

前フレーズでも述べましたが、現状をしっかりと見つめることが非常に重要です。これは、現実を認めることであり、他ならぬ自分を認めるということです。自分を認めるということは、すなわち、自分の感情も認めることになります。自分の感情を認めたときから、「自分はこうしたい」「本当はこのようにしたい」という気持ちが湧き出してくるのです。

営業マン　「そういうなかで、**どのようにしたいと思っておられますか?**」

お客様　「そうですね。実は……のようにしたいと思っていたんですけどね」

営業マン「それはどういうことですか？」
お客様「本当は、……の分野へ仕事を広げていきたいと思っていたんですね」
営業マン「そこをもう少し、詳しく聞かせてもらえますか？」

現状を聞けば聞くほど、お客様の思いは強くなり、「実は」とか、「本当は」の言葉とともに、本音に近い言葉が出てくるのです。そうなったら、さらにその部分を掘り下げ、深く聞けばいいのです。このときのポイントは、**ただ具体的にしていくことだけ**です。お客様自身も自覚していないような深い部分まで話をするようになり、あらためてお客様が自分の気持ちに気づくことにもなるのです。

人は、自分の欲求に蓋をして「自分には無理だ」「自分にできるわけがない」などと、自分に言い聞かせ、納得させているものです。安全で無難だからです。

でも、欲求は決してなくなりません。心の底でくすぶり続けています。それを、営業マンのあなたが引き出すのです。そうすれば、欲求に火がつき再び燃え上がるのです。

この欲求が弱い場合には、次のような会話になります。

営業マン「そういうなかで、今後どのようにしたいと思っておられますか？」
お客様「今のところは、あまりありませんね」
営業マン「それはどういうことですか？」
お客様「今は無理ですから、とりあえず今できることをやりますよ」

このように言われたら、話は続かなくなります。これが本音でしょうか。いえ、決してそうではないはずです。「とりあえず」などという言葉が自分を妥協させようとしているのです。諦める必要はないのです。次のように言ってみてください。

営業マン「じゃ、もし今の現状を突破でき、何でもできるとしたら、○○さんは、何をされますか？」
お客様「そんなことは無理ですよ」
営業マン「ですから、『もし』できたらです。そのときは何をされますか？」
お客様「そうですね。あまり考えてみたこともないけどね。もしできたら、……をするかな」

営業マン　「なるほど。いいですね」

欲求のない人などいません。現状の壁が分厚くて諦めているか、現状に長く留まりすぎて欲求を表に出せなくなっているかのどちらかです。

どちらにしろ、**欲求を引き出すことができて初めて、次の段階に進むことができる**のです。欲求こそが、人を動かす推進力だからです。

22 「それによってどのようになりますか？」（欲求を聞く）で、さらに未来を想像させ、お客様の欲求を引き上げる

欲求の推進力をさらに加速させるのが、この質問です。「人はイメージを描き、その気分を味わうことによって、欲求という感情に火をつける」のです。

営業マン　「〇〇さん、先ほどお聞きした今後したいことがもし実現できたら、〇〇さんは、**それによってどのようになりますか？**」

お客様　「そうですね。いろいろとできるようになるでしょうね」

営業マン「どのようなことができるようになりますか?」

お客様「そうですね。まず……ができますね。これはやりたいことでもあったんですけどね」

営業マン「そうなんですか。もう少し、聞かせてもらえますか?」

お客様「実は、昔から……のことは考えていましてね」

お客様の感情を伴った欲求をしっかり受け止めましょう。その欲求を展開させる質問をして、さらにイメージを広げ、欲求に火をつけるのです。お客様の心の中では「ぜひともそれを実現したい!」という気持ちが高まってきます。これが質問の効果です。

営業マンはお客様の欲求を聞くと、「それを実現するためにいいものがありますよ」とすぐ自社の商品・サービスを伝えてしまいがちです。お客様の欲求やニーズを叶えるための手段を早々に売ろうとしてしまうのです。これではお客様の欲求が高まらないまま、手段を売るようなものです。

自分がぜひとも実現したい、解決したいと思うからこそ、それを実現する手段を得ようとするのです。欲求が高まらなければ、その手段について人に聞こうとしません。次の例でわかるでしょう。

営業マン「〇〇さん、先ほどお聞きした今後したいことのために、いい方法があるとしたらどうですか？」
お客様「それはいいですけどね」
営業マン「その方法を聞いてみられませんか？」
お客様「またの機会にでも……」

欲求が高まらないうちに、「その方法を聞いてみられませんか？」という質問をすると否定的な答えを引き出してしまうのです。営業マンはその手段を提案する前に、お客様自身の欲求・ニーズを引き出し、共に味わい、その実現に向かう同志のような存在になる必要があります。

欲求をさらに展開させるこの質問は、その欲求というエネルギーを高めるために立ち寄らなければいけない場所といえるでしょう。

23 「では、それを実現するための課題は何ですか？」（課題を絞る）で、欲求を実現する方法を与える

ここまで、現実を見つめ、欲求を高めてきたなら、次に行うことはいよいよそれを実現するための課題を見つけることです。実現のための課題の絞り込みは、プレゼンテーションにおいて、最も重要な部分です。

この課題の絞り込みは、アプローチの段階ではやりませんでした。現実を見つめ、欲求が高まってきたからこそ、課題についてしっかり考える段階に入ったのです。たとえば、自分の商品が企業教育分野だとした場合、次のような流れになります。

営業マン　「では、それを実現するための課題は何ですか？」
お客様　「そうですね。社員のモチベーションですかね」
営業マン　「なるほど。それはどういうことですか？」
お客様　「実は、一人ひとりの仕事をするうえでのモチベーションが弱いと考えていたんですよ」

営業マン　「なるほど。そうなんですね」

このように言ってもらえた場合は問題ないのですが、言ってもらえない場合があります。そのときはお客様の言う課題をしっかり聞いたうえで、それに関連付けて、教育についても聞けばいいのです。次のようになります。

営業マン　**「では、それを実現するための課題は何ですか？」**
お客様　「そうですね。やはり、生産性を上げることですね」
営業マン　「なるほど。それはどういうことですか？」
お客様　「現状の生産性を上げて、利益を上げることですね」
営業マン　「そういうことですね。それについては解決へと進んでいるのですか？」
お客様　「なかなか思うようにはいきませんが、少しずつ進めています」
営業マン　「それはよかったですね。その生産性を上げるうえで重要なことは何ですか？」
お客様　「業務改善やシステムの見直しは必要でしょうね」
営業マン　「その中で、社員の方々の教育についてはどう思われますか？」

お客様　「実は、教育も重要だと、考えていたんですよ」
営業マン　「なるほど。そうなんですね」

もう一つ、全然違うテーマになった場合はどうするかです。この場合は、話をよく聞いたうえで、提案したい商品・サービスの分野に話を戻すといいでしょう。

営業マン　**「では、それを実現するための課題は何ですか？」**
お客様　「そうですね。やはり、資金の確保ですね」
営業マン　「なるほど。それはどういうことですか？」
お客様　「実は、新しいプロジェクトの立ち上げが当社の重要なテーマなのですが、そのためにはやはり資金が必要なのです」
営業マン　「それについては解決へと進んでいるのですか？」
お客様　「なかなか思うようにはいきませんが、少しずつ進めています」
営業マン　「それはよかったですね。そのプロジェクトは何のためなのですか？」
お客様　「現状の商品・サービスでは今後は厳しいだろうと考えています。つまり、現状からの脱皮が必要なのですよ」
営業マン「その現状脱皮の中で、教育についてはどう思われているのですか？」
お客様「実は、教育も重要だと、考えていたんですよ」
営業マン「なるほど。そうなんですね」

そのテーマについて話し合い、それでも関連付けられなければどうするか。この場合は時期尚早なので、今回は引き下がることです。この見極めも大事でしょう。自分の商品・サービスのニーズがないのに、いくらプレゼンテーションをしても、お客様が欲していなければ採用されないからです。

24 「そのために何かしてきましたか？」（解決策を考えさせる）で、欲求実現への本気度を高める

ここまで現実と欲求を見つめ、課題を考えてきたなら、次に行うことは、解決の手段を提供することです。まずはじめに、お客様が課題を解決するためにどのようなことをやってきたかを問います。それが、自社の商品・サービスの提案へとつながるわけです。

「そのために何かしてきましたか？」という質問をすると、お客様はこれまでやってきたことを話すでしょう。あるいは、やってこなかったことを話すかもしれません。どちらにしても、欲求に対する行動を聞いたときに、初めて現実に立ち返るのです。現実に立ち返るとき、欲求実現への本気度を高めることになるのです。

〈何かをしている場合〉

営業マン「○○さん、**そのために何かしてきましたか？**」

お客様「そうですね。やってはいるのですがね」

営業マン「なるほど。何をされてきましたか？」

お客様「いろいろな研修に行かせていますね」

営業マン「そうなんですね。その効果はどうでしたか？」

お客様「良かったのですが、仕事に紛れて忘れてしまったようですね」

営業マン「そういうことですね。なぜそうなったのですか？」

お客様「本人が自覚してもらうことが一番ですが、やはり、会社でのバックアップも必要なのでしょうね」

営業マン　「なるほど。ということはどういうことですか？」
お客様　「そうですね。会社でバックアップできる研修がいいということでしょうね」

〈何もしていない場合〉
営業マン　「○○さん、**そのために何かしてきましたか？**」
お客様　「そうですね。何も取り組んでいないですね」
営業マン　「なるほど。なぜ、取り組まなかったのですか？」
お客様　「社内が忙しくてね」
営業マン　「そうなんですね。今後はどのようにしようと思っているのですか？」
お客様　「教育についてもやっていきたいとは思っているんですがね」
営業マン　「そういうことですね。そのためには何が必要なのですか？」
お客様　「やはり、仕事と並行してできるようなものがあればいいですね」
営業マン　「なるほど。ということは、どういうことですか？」
お客様　「そうですね。今の仕事の中で取り組める研修がいいということでしょうね」

このように解決に向けて取り組んでいる場合も、取り組んでいない場合も、具体的に聞きます。これが商品・サービスの提案ポイントとなるのです。

大事なことは、目の前のお客様のお役に立つことです。お役に立つことができれば、採用してもらえるのです。

売れる営業は、テストクロージングで見極める

25 「それを実現したいと思いませんか？」（欲求を再確認させる）で、実現への気持ちを確定させる

今までの話を再度思い出して、欲求を再確認してもらい、実現したいという気持ちを確定させるのがこの質問です。フレーズ8の「『なんとかしたいと思いませんか？』で、お客様自身にその重要性を気づかせる」は、アプローチからプレゼンテーションに入る手段として紹介しました。ここでは、今までの質問を踏まえて、最終的に本当に実現したいと

思っているのかを見極めるフレーズを紹介します。実現したい気持ちが本当であれば、話を進めていくべきですが、そうでなければ、進めても意味がないのです。

営業マン　「○○さん、**それを実現したいと思いませんか？**」
お客様　「そうですね。実現できたらうれしいです」
営業マン　「実現できる方法があれば、どう思われますか？」
お客様　「いいですね」

このように、お客様の気持ちを確かめる質問をします。これを「テストクロージング」といいます。テストクロージングとは、クロージングに入れるかどうかをテストするということです。したがって、テストクロージングでは、採用の方向で話を進める意思があるかどうかをお客様に確認します。

この2つの質問は、アプローチのときにもお話ししました。「それを本当に実現したいのか？」というお客様の欲求・ニーズについて実現したいかを確かめる質問と、「実現できる方法があれば、いいと思いませんか？」という方法・手段を求めているかを確かめる質問です。

これらは今までの最終確認です。質問にお客様が答えることにより、「これが自分の気持ちなんだ」とお客様自身の気持ちを自覚します。ここから一気に購入へと進んでいくのです。

26 「ご自身がいいと思ったらやられますか?」で、一気にクロージングに持っていける

私は、**「アプローチ即決クロージング」**のお話をよくします。これはカタログなどによる具体的な商品説明を一切していない状態で、クロージングできる方法です。

お客様と営業マンが初めて出会って、コミュニケーションをとっている状態で、お客様に「この営業マンが提案する商品についてまだはっきりとわからないが、とにかくそれを買おう!」と決断させることです。

初めてこれができたとき、私自身も「なぜ、お客様は私が商品の説明もしないうちにそれを『買おう』と言ってくれるのだろうか?」と不思議に思ったほどです。

次の質問とお客様の返答パターンをご確認ください。

営業マン「〇〇さん、では、ご自身がいいと思ったらやられますか？」
お客様①「もちろん、やりますよ」
お客様②「そうですね。やりたいですね」
お客様③「そうですね。いいと思えばやりたいですね」
お客様④「そうですね。まず、内容を見せていただいてからですね」
お客様⑤「そうですね。今のところはすぐとはいきませんが、考えたいですね」
お客様⑥「そうですね。今のところはまだできませんね」

これまで、お客様の状況について、いろいろと質問してきました。そして、直前の質問では、「実現したいか」「実現への手段を手に入れたいか」を確認しました。

その後に、この質問をするのです。「〇〇さん、では、ご自身がいいと思ったらやられますか？」と、お客様の採用の意思を聞くのです。

返答は、おおまかに①～⑥のパターンで考えられます。①②は即契約になります。③④はまずお客様にそのように言う理由を聞いてから、引っかかっている問題を解消することで契約です。⑤⑥もそのように言う理由を聞くことで契約になる可能性が出てきます。仮に、その場で契約にならなくても将来的に契約になります。
カタログを見ないで「買おう」と言ってくれる人は、①②の人です。確率でいえば3割でしょう。買うにあたり、カタログを見ないで決めていること自体がすごいのです。では、残りの人はどのように対応すればいいのでしょうか。それが次のフレーズにつながります。

27 「では、〇〇さんは、これについてはどうしたいですか？」で、自らの欲求を高めるチャンスとする

これは先ほどの「ご自身がいいと思ったらやられますか？」という質問で、前項の③～⑥のような答えが返ってきた場合に使う質問です。これは、お客様の真意を聞く質問になります。この場合も、お客様にはやさしく質問しましょう。

営業マン「〇〇さん、では、ご自身がいいと思ったらやられますか？」
お客様「そうですね。いいと思えばやりたいですね。ただ……」
営業マン「何かあるのですか？」
お客様「実はその前にやらなくてはいけないことがあるのではないかと思うのです」

営業マン「なるほど。それはどういうことですか？」
お客様「私どもの評価制度を見直したり、就業時間の見直しをしたりする必要があるのではと思っているのです。それに……」
営業マン「なるほど。**では、○○さんは、これについてはどうしたいですか？**」
お客様「私も教育については取り組みたいと思っていますけどね」

お客様は、何か引っかかっていることがある場合にこのような返答をします。「本当にこれを実現することが大事なのか再度確かめたい」ということです。営業マンは落ち着いて、聞いてあげればいいのです。お客様はいろいろと言われるかもしれません。それもすべて、しっかりと聞きましょう。

そして、最後に質問します。「なるほど。では、○○さんは、これについてはどうしたいですか？」、これは強烈な質問です。お客様は本音を見透かされているように感じます。そのとき、たとえば「私も教育については取り組みたいと思っていますけどね」などと言われた場合は、先に進みましょう。

もし、「それでも……」と言われるようなことがあれば、「一度じっくり考えてみてください」と言って、今回の商談を打ち切り、仕切り直しをすればいいでしょう。大胆な行動に思われるでしょうが、この状態で商談を進めても良い返事はもらえません。むしろ、考える時間を与えるほうがお客様のためになるのです。営業マンの私たちは売りに行っているのではなく、あくまでもお役立ちのために営業に行っているのですから。

先ほどの「ご自身がいいと思ったらやられますか?」と今回の「それで、〇〇さんは、これについてはどうしたいですか?」の質問は非常に効果があることがわかっていただけたと思います。

この最後の質問は、お客様の本音を聞かせてもらうチャンスなのです。

もちろん、面会した最初から採用の意思を聞くという乱暴なものではありません。今までに示した質問を丁寧に重ね、お客様が気がついていない部分まで掘り下げたうえで意思を聞くということです。それは思いを掘り下げ、本音に初めて気がつくということでもあるでしょう。また考えを掘り下げ、何がベストかと熟考したうえでの判断ということでもあるのです。

この意思の重要性は「行動原則」に基づいています。その行動原則とは、**「人は自分が感じ、思った通りにしか動かない」**です。人は、誰もが自分の思った通りに動きたいと思っています。ですから、営業マンがお客様を動かすことなんかできないのです。

お客様は自分の思った通りにやりたいのです。ですから、営業マンはお客様に質問を重ねたうえで、「どのように思っているのか」「どのようにしたいのか」を聞きます。そのほうがお客様の意思を的確に知ることができ、それに基づいてアドバイスや提案ができます。

「ご自身がいいと思ったらやられますか？」「それで、○○さんは、これについてはどうしたいですか？」というのは原則にかなった質問であり、これを提案の前に聞くことがお客様にとっても、営業マンにとっても非常に効果的なのです。

28 「その方法があるのです。なぜなら、」（提案とその理由を言う）で、改善案への期待を一気に高める

お客様への質問の最後は、この言葉で締めます。ここから、いよいよ商品・サービスの提案に入るのです。

営業マン　「○○さん、その方法があるのです！」

お客様　「本当ですか」

営業マン　「**なぜなら、**私どもの商品・サービスは、今までに〇〇さんがおっしゃっていた□□や△△の解決になる方法なのです。その理由は……」

ここで気をつけるのは、「あるのです！」という一言でまとめること、そして、その理由をあとでゆっくり話すことです。ところが、いろいろと言いたくなるのです。そうなると、次のようになります。

営業マン　「〇〇さん、私どもの商品・サービスは、今までに〇〇さんがおっしゃっていた□□や△△の解決になる方法なのです。その理由は……。ですから、**その方法があるのです！**」

お客様　「本当ですか」

このように言うと、完全に間延びしてしまいます。ここは非常に重要なところです。インパクトを与える話し方をする必要があります。

お客様は欲していることを実現したいのです。ですから、答えは「それができる」「そ

BOOK EXPRESS
www.bookg.jp

の方法がある」です。

言い切った後、お客様の欲求・ニーズについて、なぜ実現できるのか、どのような方法を使うのかを、簡潔に説明するのです。

このようにお客様が欲していることに対して、素早く結論を伝えると、非常に印象深いものになるのです。これがインパクトを与えるものとなるのです。

仮に、ここで商談が終わったとします。そうすると、お客様の心情はどうなると思いますか？ もう、気になって、その方法を知りたくて仕方がない状態になるはずです。

29 「具体的にお話ししましょうか？」（商品・サービスの提案）で、説明に入ると契約は決まる

いよいよこの質問をもって説明に入ります。おそらく、今までは大半が質問であったと思いますが、ここから商品・サービスのカタログを出し、説明に入るのです。ここまでに、お客様の欲求・ニーズを聞いています。今までに取り組んだ方法もわかっています。どの点が足りなくて、どうすればいいかも専門家のあなたにはわかるでしょう。このプレゼンテーションでは、その実現方法、解決方法について的確に説明すればいいだけなのです。

営業マン「○○さん、では、**具体的にお話ししましょうか？**」

お客様「お願いします」

（カタログを出す。そして、お客様の欲求・ニーズを解決する方法を提示している部分を示しながら）

営業マン「こちらをご覧いただけますか？　私どものこの商品こそ、今までに○○さんがおっしゃっていた□□や△△の解決になるものなのです。その理由は……」

営業マンは、お客様の欲求やニーズ、課題を解決できる内容をカタログで示しながら、今まで聞いたお客様の現状、欲求、解決策を織り交ぜて、なぜこれが可能かを、その商品・サービスの特徴や使い方も含めて話をするのです。お客様の状況から気持ちまで聞いたうえで話すので、的確に、そしてその気持ちに共感しながら、話ができるのです。

お客様は、今まで自分が話した内容をリピートしながら、その解決方法まで話してもらっているわけなので、営業マンの言葉の一つひとつが染み入るように入ってくるのです。

このときに、注意してもらいたいのは、お客様が引きつけられたように話を聞いているとしても、営業マンは独りよがりに話をしないことです。これはよくプレゼンテーションに入ったときに起こります。プレゼンテーションの節目節目で、**必ず「どう思いますか？」「どのように感じられますか？」という問いかけをして、お客様の気持ちを確かめることです。**

プレゼンテーション前のお客様への質問の時間と商品・サービスの説明（プレゼンテーション）時間を比較すると、2：1の割合になるでしょう。全体で1時間の時間を費やすとすると、質問の時間が40分、プレゼンテーションの時間が20分となります。それぐらい、質問が重要なのです。

第4章

なぜ、あのお客様は私から買ってくれたのか？

お客様の欲求・ニーズは質問でしかわからない

お客様は欲求を実現したいと思っているのです。営業マンの質問によって、その気持ちが引き出されました。営業マンのさらなる質問で、実現するための手段も必要だと気づくのです。そのときに初めて、お客様は営業マンの提供した商品が役立つとわかるのです。当然、お客様は購入します。これが「クロージング」です。クロージングでの質問のポイントをつかんだ営業マンは、今後においても質問を活用することができ、それは目の前の売上どころか、今後の売上まで約束されるほど効果的なものになるでしょう。

クロージングがわかる行動原則

営業とはお役立ちです。提供する商品・サービスを購入し、利用してもらうことでお客様の欲求・ニーズを叶えることです。クロージングとは、「最終的な契約を結ぶこと」です。

クロージングで重要なのは**「クロージングは営業マンがする」**ものではなく、**「クロー**

ジングはお客様自身がする」ものである、ということです。

多くの営業マンは、クロージングに苦手意識を持っています。クロージングをしなければいけないと思っているからです。これは大きな勘違いです。売れる営業はこの意識がまったくありません。自然な形で、当然のごとく、クロージングに進むからです。

これがわかるには、「行動原則」をしっかりと理解しておく必要があります。前章でも触れましたが、「人は自分が感じ、思った通りにしか動かない」ということです。これは「人は誰でも、自分が感じ、思っていることがあり、その通りに行動したいと思っている」ということです。

やってみたいと感じ、思っていることは、いろいろな問題があっても、やっぱりやってみたいのです。

あなた自身が胸に手を当てて振り返ってみればわかるでしょう。あなたもいつも自分が感じた通りに、思った通りにやっていきたいはずです。これがわかると営業マンがお客様を説得し、クロージングに持っていくこと自体がナンセンスだとわかるのです。

説得とは営業マンの感じたこと、思ったことをお客様に押し付けることだからです。お客様が自分の感じたこと、思ったことに基づいて、納得して進めるのが正しいのです。

お客様の心理は「感じる・思う→考える→行動」で進んでいきます。

営業マンが提供する商品・サービスについて良いイメージを持ったお客様は、次の段階で考える作業に入ります。実現するにはどうすればいいかを考え始めるのです。そして、考えが煮詰まり、明確になると行動を起こしたくなるのです。

このように「感じる・思う→考える→行動」の流れで、お客様は自ら、「感じること、思うこと」から「考えること」へ、さらに「意思を持った行動」へと進んでいきます。その流れに基づいて質問をすればいいだけです。

このように見ていくと、クロージングは極めてわかりやすい作業であるといえるでしょう。まず、**常にお客様がどのように感じているか、思っているかを聞くことです**。それは営業に入る前にすでにスタートしているのです。つまり、仕事、人生、日常の中で、お客様の感じていること、思っていることを聞き、どのようにしたいかの考えを聞き、どうしていきたいかの意思を聞くことです。そのうえで、自社の商品・サービスがその実現にお役に立つことがわかれば、提案すればいいのです。お客様の欲求・ニーズの実現において、自社の商品・サービスがいかに役立つかを話すのです。判断するのはあくまでも、お客様であるということです。

そういう意味では、フレーズ25でお話したテストクロージングこそが、クロージングに入っていく過程で、最も使う必要のある技術だといえるでしょう。

売れる営業はお客様の意思を質問で引き出している

売れる営業は、自身の「商品・サービスに絶対的な自信」を持っています。同時に「営業とはあくまでもお客様のお役に立つために行う仕事であり、お客様へのアドバイザーである」とわかっているのです。

常に、お客様の感じていること、思っていること、考え、意思を尊重しているのです。テストクロージングで、お客様の返答に的確に対応するのです。

売れる営業は、契約に入る前に行うテストクロージングが重要だと知っています。

お客様がいいとわかっていても、その購入への意思はゆらぐものです。このときにお客様の本当の気持ちをしっかりと引き出し、考えを推し進め、意思を聞くことが営業の仕事だと知っているのです。

売れる営業は、お客様から契約の話をさせる

30 「どのように感じられますか？」で、感想を聞くことにより、採用の動機を高める

プレゼンテーションでは、営業はお客様の欲求・ニーズの実現が自分の商品・サービスで叶うことを説明するのが目的でした。話の中では随時、お客様の反応も確認したはずです。

クロージングに入る前に、お客様に何をしなければならないかを多くの営業マンはわかっていないようです。答えは、お客様がプレゼンテーションを聞いて、あらためてどのようなことを感じ、思い、考えたかを聞いてあげ、意見をまとめてもらうことです。

そのときに使う質問が、「どのように感じられますか？」「具体的には？」などのフレーズです。これは「感じ、思い」を聞く段階です。

営業マン「○○さん、今まで私の話を聞いてきて、**どのように感じられますか？**」
お客様「いいかもしれませんね」
営業マン「そのように言っていただけるとうれしいですが、具体的にどのようにいいですか？」
お客様「リビングを改装すると、今までの雰囲気と変わり、新しい家に住んでいる感じになりそうでいいですね」
営業マン「なるほど、そういうことですか。うれしいですね」

お客様が肯定的な印象を持っている場合は、「良さそうだ」「いいね」「役立ちそうだ」などという感じ（感想）が返ってきます。その場合は、「具体的には？」と聞くと、具体的な事例を言ってくれます。この事例で自分がより強く納得をするのです。自分が感じていること、思っていることを次に進めていくのです。

営業マンがお客様に「それは、やはり、リビングが改装で綺麗になるからですね」などと言ってしまうと、お客様は「そうかもね」と言いながら、白けてしまうのです。お客様は自分で言い、納得したいのです。それを先に言われてしまうと、何か営業マンに話を運ばれているような気がしてしまうのです。
次にいい返事がもらえない場合があります。

営業マン「○○さん、今まで私の話を聞いてきて、**どのように感じられますか？**」
お客様「いいとは思うんですけどね」
営業マン「率直な感想ありがとうございます。なぜ、そのように思われるのですか？」
お客様「本当に綺麗になるかなと思いましてね」
営業マン「なるほど、そういうことですね。○○さん、それはどういうことですか？」
お客様「実は……。それで……。また……」
営業マン「なるほど。では、○○さんは、これについてはどうしたいですか？」
お客様「私もやってみたいと思っていますけどね」

この場合は、プレゼンテーションでお話ししたフレーズ27「『では、○○さんは、これについてはどうしたいですか？』で自らの欲求を高めるチャンスとする」を活用すればいいのです。

31 「たとえば、どのようなことが起こりそうですか？」で、具体的な話を聞くことにより、採用の気持ちが固まる

先ほどの「どのように感じられますか？」で、お客様に感想を聞くことにより、動機を高めることができました。次は、それが具体的にどのようになるかを想像してもらう質問をするのです。未来を想像すると、お客様の中で、具体的にイメージされ、欲求がますます高まるのです。

営業マン「○○さん、たとえば、どのようなことが起こりそうですか？」
お客様「そうですね。随分住み心地が良くなりそうですね」
営業マン「なるほど。それはどのように良くなりますか？」
お客様「やはり、リビングが綺麗になるので、今まで以上にくつろげそうですね」
営業マン「いいですね。どのようにくつろげそうですか？」
お客様「そうですね。家で飲むお酒がおいしくなりそうですね」
営業マン「なるほど。いいですね。そこからどのようなことが起こりそうですか？」

お客様　「妻とも、今まで以上にゆっくりと話し合うことが多くなるかもしれませんね。家で、映画でも見ながら、リラックスもできますね」
営業マン　「そうなると楽しみですね。ということは、最初に言っていただいた○○さんの希望についてはどうなりそうですか？」
お客様　「そうか。このリフォームによって、それが実現できますね」

お客様の最初の返答から、次は「どのように良くなりますか？」「どのようにくつろげそうですか？」などのように、**「どのように……になりますか？」**と、お客様の言った言葉を掘り下げましょう。

お客様がイメージをさらに描けるようになったところで、「そこからどのようなことが起こりそうですか？」と再度質問し、次の展開のイメージを答えてもらうのです。すると、そのイメージがはっきりして、欲求が確実に高まるのです。

最後は、お客様から聞いていた欲求・ニーズと関連付けた質問をするといいでしょう。今回の提案がそれらの実現・解決につながることがわかると、欲求はさらに高まります。欲求は具体的なイメージによって高まります。たとえば、「あなたが行きたい場所を想像してください。海外ですか？　国内ですか？　その場所に行って、楽しんでいる姿を想像してください。目の前にどのような景色が広がっていますか？　街並みですか？　自然ですか？　その場所にたたずんだ気分はどうですか？」と、質問されたとします。あなたはどのようなことを想像し、何を感じていますか？　情景がありありと浮かび、その場所にいる自分を想像することでしょう。その場所に行ってみたいという欲求が高まるはずです。

このように具体的なイメージは、私たちの欲求を高めるのです。「たとえば、どのようなことが起こりそうですか？」「具体的にどのようになりそうですか？」という未来を想像させる質問は、お客様の欲求をますます高め、実現したいという気持ちにさせるのです。

32 「この商品の価値についてはどのように感じていますか？」で、商品の価値、ベネフィットを実感させる

「どのように感じられますか？」という第1段階の質問と、「たとえば、どのようなことが起こりそうですか？」「具体的にどのようになりそうですか？」の第2段階の質問で商品・サービスについて、感じていること、思っていることを聞きました。

ここで、あらためて商品の価値について、感じてもらうのです。それが「この商品の価値についてはどのように感じていますか？」というフレーズです。

ここでは、**最終的に感じたことをお客様自身の言葉でまとめてもらって、自分自身にとって今回の商品の価値が間違いないものであることをしっかりと納得してもらう**のです。

営業マン「ということは、**この商品の価値についてはどのように感じていますか？**」
お客様「そうですね。いいものだと思いますね」
営業マン「そうですか。どのような価値がありますか？」
お客様「私はこのリフォームで家を綺麗にしようと思っていました。ところが、話している間に、それが私自身や家族が望んでいることを叶えてくれるものだとわかったのです」
営業マン「それはどういうことですか？」
お客様「家族が今まで以上に皆で話し合ったり、一緒に何かをする場ができるのだと思いましてね」
営業マン「なるほど、そういうことですか。〇〇さんからそのようなお話を聞けて私も非常にうれしいです」

お客様自身にそのベネフィット（利益・恩恵）を感じてもらうことで、営業マンも自分が価値を提供していることをあらためて認識できるのです。

この価値付けは、価格を提示するときにも非常に効果があります（価格を事前に伝えている場合でも、お客様は契約時にあらためて価格について検討するものだからです）。

価格というのは、同業他社と比較した価格ではありません。他の商品・サービスとの比較でもありません。

お客様の欲求・ニーズを満たす商品・サービスを購入することで、実際にどのような望みが叶うか、どのようなベネフィットを得ることができるかの価格なのです。

33 「ということは、どのようにすればいいとお思いですか？」で、お客様自らが結論を出す

ここまでの3つの質問でお客様の感じたこと、思ったことを言ってもらっていましたが、ここでは、返答を踏まえてのお客様の考えを言ってもらうのです。大事なことは、ここで

もお客様に自分で話をしてもらうことです。決して営業マンから言わないことです。

営業マン「〇〇さん、**ということは、どのようにすればいいとお思いですか？**」
お客様「やはり、今回のリフォームはお願いしたほうがいいということですね」
営業マン「そうですね。私もそのように思っていました。きっと喜んでいただけると思いますよ」

もし、ここで営業マンが話してしまうと次のようになります。

営業マン「〇〇さん、ということは、今回のリフォームはさせていただいたほうが良いということですよね」
お客様「そうですね」
営業マン「絶対、そのほうがいいですよ。きっと喜んでいただけると思いますよ」

この2つの違いがわかりますか。最初の会話は、お客様が自分の考えたことを自分で言っています。それを営業マンが後押ししています。後の会話は営業マンが考えを言い、お客様が後押ししているのです。

文章で読んでも、そんなに違いを感じることはないかもしれません。しかし、実際には決定的な違いを生み出すのです。前者は、お客様が主体的に言ったわけですから、この後の具体的な契約に関してもお客様がすべて主体的に決めていきます。自分の欲求・ニーズを叶えるには、どのような種類のものを採用すべきか、内容、価格についても、判断はすべてお客様が主体的に行うのです。ですから、内容についても自然にいいものを選び、価格も上がってくるのです。

後者は、営業マンが言ったことをお客様が後押ししているわけですから、受動的になります。自分がやりたいというよりも、勧めるからやってみようかというレベルになってしまいます。内容、価格についても、まずはお試しでという感覚になるのです。したがって、内容についても必然的に失敗しても大丈夫なように安価なものを選びます。

これが、採用時の内容だけでなく、採用後の商品・サービスへの取り組み方、紹介などあらゆることに波及するのです。**結論をお客様が言うか、営業マンが言うかで天と地の違いといえるほど、その後に大きな違いをつくり出すのです。**

売れる営業は、お客様の本音を聞ける

34 「○○さんはどう思いますか？」で、まずお客様の考えを聞く

お客様は営業の最終段階に入ってくると、さまざまな質問をします。「これは本当に効果がありますか？」「どれぐらいで成果が出るのでしょうか？」「採用された方は喜んでおられますか？」「価格についてはなんとかなるのでしょうか？」などです。特に、プレゼンテーションが終わり、クロージングに入る前に多いでしょう。

これらの質問は、お客様が本当にその商品・サービスがいいものか、間違いないものかを営業マンの反応を見て確かめたいと思ってするものです。

お客様の質問に対して100％の正解はありません。なぜなら、いくら営業マンがお客様の質問に適切に答えようが、他のお客様の実例によって答えようが、お客様はまだ体験していないからです。お客様自身がそれを購入して、活用してこそ、そのメリットは実感

できるのです。

では、どのようにすればいいでしょうか。大事なことは営業マンがお客様の気持ちにしっかりと共感したうえで、質問でさらにお客様の気持ちを理解し、最後に適切な解答や実例を示すことです。それも落ち着いて、自信を持ってしっかりと答えることです。それさえできれば、お客様は納得して、一歩踏み出すようになるのです。

この場合、**まずはお客様に対して、「○○さんはどう思いますか？」と反対に質問で切り返すといいのです**。これで、お客様がどれくらい質問に対する考えを持っているかがわかります。そのうえで、フレーズ10「反論や逃げ口上に対し、共感＋『実はそういう方にこそ』で、アプローチやクロージングが嘘のようにうまくいく」やフレーズ17「『なるほど（共感）＋具体的には（質問）』で、お客様との関係性が深まる」で示した「共感＋質問」を使うのです。そして、最後に感想を聞けばいいのです。

それらの例を示してみましょう。

お客様　「これは本当に効果がありますか？」（「どれぐらいで成果が出るのでしょうか？」「採用された方は喜んでおられますか？」）

営業マン　「**○○さんはどう思いますか？**」

お客様　「多くの方が取り組んでいて、いろいろな体験を話していますね。決められた形で、しっかりとやれば効果は出るでしょうね」

営業マン　「そうですね。おっしゃる通りだと思います。ところで、**なぜ**、そのような質問をしていただいたのですか？」

お客様　「やはり、自分と同じようなタイプの人でも成果を上げられているのかなと思いましてね」

営業マン　「なるほど。**具体的には**、どのようなタイプですか？」

お客様　「私はいろいろ取り組むのですが、継続性がなくってね」

営業マン　「なるほど。そういうことですね。**実は**そういう方も多いですよ。東京に□□さんという方がいましてね。この方は……（事例を話す）。見事に、継続力がついて成果を上げられていますよ。○○さんは、この話を聞いて、どう思われますか？」

お客様　「何かできそうですね」

金額についての質問は、他の質問とは違うように聞こえるかもしれませんが、基本的には同じなのです。この場合は、同じように質問で切り返した後、最終的に支払い方法などで安心してもらい、その実例を話すといいでしょう。

たとえば、「大阪に△△さんという方がいましてね。実はこの方も……（事例を具体的に話す）。見事、短期間で大きな成果を上げていますよ。特に営業のポジションですから、成果によって報奨金があり、支払い分以上を取り戻していますよ。○○さんは、この話を聞いて、どう思いますか？」とすればいいのです。

35 「本音ではどう思われますか？」で、さらに、お客様の真意を聞く

お客様がはっきりと自分自身の感じていること、思っていることや考えを言ってくれない場合があります。お客様が競合他社で相見積もりをとっている場合や、金銭的な支払いが厳しいと思っている場合などです。商品・サービスを採用するつもりで商談を進めてきたのに、アクシデントでできなくなったなどの場合も考えられます。

この場合、お客様ははっきりしない姿勢を示します。そういうときに、次のフレーズが

効果があります。

お客様　「いいとは思うのですが、いろいろありましてね」
営業マン　「そうなんですね。私どもも採用する採用しないというのはそのときの状況が大きく関係するとわかっています。ですから、遠慮なく何でも言っていただければうれしいです」
お客様　「はい」
営業マン　「○○さん、**本音ではどう思われますか？**」
お客様　「はい。いいなとは思ってるのですが……」
営業マン　「ありがとうございます。では遠慮しないでお話しいただけますか」
お客様　「そうですね。実は……」

「本音と建前」という言葉があるように、「建前」の対極にあるのが「本音」です。本音というのは、自分が心の中で本当に思っていることです。同じような言葉で「本心」というのもあります。

この「本音」という言葉の持つ響きは、人の心にズバッと切り込んでいきます。「遠慮なく言っていただければうれしいです」「正直に言っていただければ」「本心を言っていただければ」「私どもに気兼ねすることなく言っていただければ」などの言葉を総称して、「本音ではどう思われますか？」です。この言葉で、お客様も非常に話しやすくなるのです。

これは、営業マンにとっても効果のある言葉なのです。営業マンも「どのような返事でも私は受け止めます」「不採用でもかまいません」と言うことで、腹を据えて聞く姿勢を持つことができます。

ですから、「採用しない」とお客様が言うときにも、理由を聞けるのです。その理由などがわかったときにこそ、その解決の手立てを話し合い、提案もできるのです。

売れる営業は、商談決定後も質問をやめない

36 「何かお聞きになりたいことなどありませんか？」で、お客様は自ら決意をする

フレーズ33「ということは、どのようにすればいいとお思いですか？」の質問で、テストクロージングを行い、お客様自らの考えを言ってもらいました。ここで採用の結論を出してもらった場合でも、はっきりと採用と言ったわけではありません。

お客様に「では、採用させていただきましょう」と言ってもらえれば、それに越したことはありませんが、お客様自らの欲求が高まっていたとしてもそれは言いにくいのです。これを言ってしまうと、後には引けないからです。「100％間違いない。絶対に採用しよう」という気持ちには、なかなかなれないものです。

そこで、この質問が効果があるのです。

営業マン「何かお聞きになりたいことなどありませんか？」
お客様「そうですね。今のところはありませんね」
営業マン「何かあれば、遠慮なくおっしゃってください」
お客様「はい。ありがとうございます。また、あればお聞きします」
営業マン「わかりました。そのときはいつでもお答えしますので」
お客様「了解しました」

これらの会話は何を意味するのでしょうか。

「質問はない」ということは、「それで結構です」「異論はありません」、つまり、「採用します」ということです。暗黙に言っているのです。

「採用します」と言うことには勇気が入りますが、これらの質問に対するお客様の返事が同じ意味を含んでいるのです。この質問によって具体的な契約に入ることができるのです。

ここで質問が出てくる場合も考えられます。お客様に少しでも疑問があれば、購入に対し躊躇します。その場合も落ち着いて、よく聞き取り、質問を重ね、対処すれば済みます。

これは契約前の最終段階ですから、反論や逃げ口上と捉えるのではなく、あくまでも質問と捉えればいいでしょう。

ここでは、フレーズ34「『○○さんはどう思いますか？』で、まずお客様の考えを聞く」、また、フレーズ10「反論や逃げ口上に対し、共感＋『実はそういう方にこそ』で、アプローチやクロージングが嘘のようにうまくいく」の中の逃げ口上の実例「少し考えさせて」「妻に相談する」が役立つでしょう。

あと一つ、金額についての質問があります。この場合は、「購入したいと思っているが、金額はどれぐらいですか」あるいは、「購入したいと思っているが、どのような支払い方法がありますか」ということです。これらの場合は、金額のことも含めて、次のフレーズに入るということでいいでしょう。

37 「では具体的に進めていきましょうか？」で、行動へと導く

最後は、「では具体的に進めていきましょうか？」です。ここで、「はい」「そうですね」「お願いします」という返事をもらって具体的な契約の話に入っていきます。最後の契約に入る段階でも、このように質問をし、契約に入っていくのです。

「お客様の意思で進めていくことが営業」です。ここでの言葉は、「進めていきましょうか？」という了解を得る言葉です。「進めさせてください」「進めさせていただきます」「進めますね」ではありません。これらの言葉はすべて営業マンの意思になります。

この段階に入れば、どちらの言葉でもお客様から良い返事をもらえるということもいえるでしょうが、問題はそういうことではありません。あくまでもお客様の意思で進めていくことが営業であり、営業マンはそのサポートであることを忘れないでください。このような部分までこだわることで、営業の本質を捉え、今までのすべての段階をスムーズに進められるのです。

第5章

なぜ、あのお客様は新規顧客を紹介してくれるのか？

質問でフォローアップし、お客様が自発的に紹介を始める

お客様の購入直後、そして購入後の「フォローアップ」で、質問は重要な役割を果たします。質問によってお客様がその商品の価値を実感するからです。それが購入直後からの紹介につながるのです。

売れる営業は、お役に立っていることで営業への信念を強めている

営業は何のために行っているのでしょうか。商品・サービスの提供を通して、お客様の欲求やニーズの実現、そのための課題の解決に役立つためです。

欲求・ニーズとは日常であれば快適さ、便利さ、過ごしやすさなどでしょう。仕事であれば、生産性や効率化などでしょう。ですから、当然、その商品・サービスを採用することにより、日々や仕事の中に変化が出るはずなのです。それが商品・サービスを提供した理由です。

営業マンの役割は、お客様の現状を良くすることです。あくまでもお客様のために仕事

をしているのです。それによって自分自身も成長し、その収益で自分の生活も成り立っているのです。この構図を、売れる営業はよくわかっています。

ですから、商品・サービスだけでなく、プレゼンテーションも含めて、提供したものがお客様の役に立ち、喜んでいただいているか、日常が良くなっているかを確認することも重要な仕事なのです。

「フォローアップ」とは、提供したもので成果が出ているか、その効果を確認することです。売れる営業は、お客様との関係で常にこれを行っています。出会ったこと自体でお役に立てたのか、プレゼンテーションは役に立つものだったか、商品・サービスを購入してよかったか、購入後、役に立っているか、どのような変化をもたらしているかなどを、常に確認しているのです。

結果として、売れる営業はフォローアップによって自分の仕事に強烈な信念を持つのです。お客様に喜びを与えていることを実感し、仕事に誇りを持ち、堂々と胸をはって仕事をしています。

今回のテーマは紹介ですが、紹介の条件はこの「お役立ちの信念」です。役に立っていないものが紹介されるはずはないのです。お客様のお役に立っているからこそ、喜んでもらっているからこそ紹介で広がっていくのです。

成果を実感したお客様は紹介をしたくなる

私たち営業の仕事は、お客様一人ひとりが持っている欲求・ニーズを叶えるお手伝いをすることです。ですから、話を聞いていただいた方々、商品・サービスを活用していただいた方々にどれくらい役に立ったのかを確認することが重要です。「お客様の欲求・ニーズ、課題をどれくらい解決できたか?」「以前と比べてどれくらい良くなっているか?または変化しているか?」です。

山登りで山道を登ってきたときのことを思い出してください。ふと、後ろを振り返ったときに、随分と高いところまで登ってきたことを実感するでしょう。成果の実感とは、それと同じなのです。過去の状況からどれくらい変化しているか、過去の位置から、どれぐらい上がってきたかを確認してもらうのです。

お客様は、「話を聞いてよかった」「採用してよかった」「自分の判断は間違いなかった」と実感するからこそ、この営業マンに会ってよかった、買ってよかったとなるのです。

このように実感したお客様は、「いいものは教えてあげたい」「私と同じようなことを実感させてあげたい」「紹介してあげたい」となるのです。

売れる営業は、お客様に紹介する方法を指導している

では、だまっていてもお客様に紹介してもらえるのか。残念ながら、そうではありません。お客様にとって紹介することは仕事ではないからです。あくまでも好意で紹介するのです。

お客様にも仕事や日常があります。「いいものなので教えてあげたい」という気持ちがたとえあったとしても、それを一日中考えているわけではないのです。また、どのように紹介すればいいかもわかっていないのです。

ですから、そのサポートを営業マンがやらなければいけません。お客様の気持ちを察し、その手助けをすること、その気持ちになっていることに感謝し、行動に移してもらうことが営業マンの務めなのです。

あなたもいろいろ教えてもらって営業方法がわかったように、お客様も紹介については教えてもらわなければわからないのです。

お客様の「紹介してあげたい」という気持ちを理解し、それを実行してもらう手助けを

することも重要な仕事です。それを理解せず、ほったらかしにしたり、手助けしなかったりするのは、お客様の気持ちをわかっていないことになるのです。

売れる営業は紹介してもらうために、意識的に行動しています。紹介で新たなお客様のところにお伺いするということは、ご紹介者の方との人間関係があるところにお伺いするわけです。ですから、容易に警戒心を解くことができて、極めてアプローチがしやすくなるのです。**紹介で営業するほうがはるかに営業活動は楽で、効率的**なのです。そして、**紹介で展開することこそがお役立ちのための真の営業だとわかっている**のです。

紹介が出るかどうかが、営業を続けられるかどうかのポイント

企業が自社の商品・サービスを提供するうえで重要なことは、多くの方々に知らせ、活用していただき、世の中に貢献することです。ですから、活用者の声によって広がっていくことは非常に大事なことです。むしろ、そのような口コミによって広がっていかなければなりません。最近「風評被害」という言葉をよく聞きますが、良くも悪くもお客様の声というのが最も重要なのです。

お客様の数が増えてくると、既存のお客様のフォローアップなどにも時間を割く必要が

出てきます。事務的作業も多くなるでしょう。ここで、多くの営業マンは壁に突き当たります。思うほど新規活動の時間が取れなくなるからです。ですから、新規活動から紹介活動から移行していくのです。フォローアップをしながら紹介をもらう形にシフトチェンジしていかなければ、仕事は多忙を極めることになるのです。

営業の仕事をするには、10年先や、自分のお客様が1000人、1万人になることを想像して、取り組んでいかなければいけないのです。

売れる営業は、そのことをよくわかって仕事をしています。**新規営業ばかりして、トップセールスになっている人は極めて少ない**のです。ほとんどの売れる営業は、紹介を軸にしています。紹介は営業において命綱です。また、紹介で仕事の幅は確実に広がります。

紹介で広がるためには、お客様にどのように伝え、行動してもらえばよいか。特に、お客様との会話では、質問がお客様から紹介をしてもらうための極めて重要なツールです。

売れる営業は、必ず使用状況を聞く

38 「今日の面会で、何が良かったですか?」で、商品・サービスの価値を実感してもらう

お客様は商品・サービスという物を買うわけではないのです。商品・サービスの与える価値を買うのです。

面会でのプレゼンテーションは、その価値をお客様にお伝えするものです。お客様は価値を感じたからこそ、購入します。

お客様に「今日の面会で、何が良かったですか?」と聞きましょう。お客様はあらためて、自分が採用した商品・サービスの価値を実感します。その実感をもって、お客様は商品・サービスを実際に活用するのです。

実際に使うと、価値をさらに実感するようになります。そして、誰かに伝えてあげたいという気持ちで紹介が出てくるのです。

また、お客様が採用しなかったとしても、面会でのプレゼンテーションに価値を感じていれば、その情報を伝えてあげたいと、紹介に発展するのです。

営業マン　**「今日の面会で、何が良かったですか？」**
お客様　「そうですね。このサービスが、私たちのことを考えてつくられていることがわかりましたね」
営業マン　「そう言っていただければうれしいですね。最初にお聞きした○○さんの課題である『とにかく日常での仕事を減らしたい』ということには、役立ちそうですか？」
お客様　「とても役立ってくれそうですね」

このように「何が良かったですか？」という質問で、良かったことに焦点を絞って会話が始まるので、肯定的で具体的なお客様の反応を引き出せるのです。

「今日の面会で、何が良かったですか？」に対する回答で、**お客様は「知り合いにも聞かせてあげたい」という気持ちを持つ**のです。売れる営業マンはそのことをよく知っていて、この面会でのプレゼンテーション終了時点で早くも紹介を依頼するのです。
しかし、質問の内容を間違えると、お客様の反応も変わってしまいます。

営業マン「今日の面会は、どうでしたか？」

お客様「そうですね。良かったですね」

営業マン「そう言っていただければうれしいですね。最初にお聞きした○○さんの課題である『とにかく日常での仕事を減らしたい』ということには、役立ちそうですか？」

お客様「そうですね」

「どうでしたか？」と聞くと、答えが漠然としてしまい、面会の何が、どのように良かったかを確認できないのです。したがって、「知り合いにも聞かせてあげたい」という気持ちも弱く、紹介につながらないのです。

39 「どのような変化がありますか？」で、日常の変化に目を向けて、以前との違いを自覚させる

営業マンの責任として、商品・サービスを提供している以上、お客様がそれを活用して、望んでいる欲求・ニーズの実現に向かっているかを確認する必要があります。それがこの質問です。お客様はあらためて、自分自身や日常での変化を確認するのです。

営業マンも自分の提供した商品・サービスがお客様の役に立っている状況を実際に聞き、あらためて営業という仕事に喜びと自信を得るのです。

この質問は、訪問や電話でのフォローアップで行います。挨拶もそこそこに、このように尋ねるのがいいでしょう。

営業マン「○○さん、このサービスを採用して、**どのような変化がありますか？**」
お客様「そうですね。パソコンでの作業が極めて楽になりましたね」
営業マン「それはよかったですね。どのように楽になりましたか？」
お客様「今までの作業が簡単になり、精神的にも楽になりました」

営業マン「それはよかったですね」

このように質問して、日常での変化に目を向けてもらうのです。私たちは毎日の仕事に追われ、自分の日常の変化に目を向けていません。営業マンが具体的に質問しなければ、気がつかないというのが事実なのです。

この場面で、具体的なことが出てこなければ、次のように言うといいでしょう。

営業マン「〇〇さん、このサービスを採用して、**どのような変化がありますか？**」
お客様「そうですね。まだよくわからないですね」
営業マン「たとえば、多少でも変化を感じられている部分はありますか？」
お客様「確かにパソコンでの作業が楽になりましたね」
営業マン「それはよかったですね。どのように楽になりましたか？」
お客様「特に今回のソフトの導入で操作が簡単になりました」
営業マン「それはどういうことですか？」
お客様「集計作業がワンタッチでできるようになったということです。これが助かりました」

営業マン「それはよかったですね」

変化をまだ実感できない人には、今までにお話しした「それはどういうことですか？」「たとえば？」などで具体的に質問すればいいのです。

40 「以前と比べてどう違いますか？」で、過去と比較し、はっきりと自覚させる

これは重要な質問です。お客様は欲求・ニーズを叶えたくて、商品・サービスを購入されました。ですから、欲求・ニーズが満たされているはずです。ただ、欲求・ニーズが目標数値の達成であったり、日常の生活が豊かになることであったりすると、満足できる状況になるまで時間がかかるでしょう。

そうではなく、お客様の過去の状況と比較してもらうのです。過去と比較すると必ず、現在の良さが浮かび上がってきます。その変化を感じてもらうのです。それが、この質問の目的です。

営業マン「○○さん、このサービスを使う以前はどのような状況でしたか？」
お客様「特に、パソコンでの仕事で集計などに時間がかかりましたね」
営業マン「どれぐらいかかりましたか？」
お客様「そうですね。一日2時間は取っていたと思います」
営業マン「現在はどれぐらいですか？」
お客様「1時間ぐらいで済みますね」
営業マン「なるほど。では**以前と比べてどう違いますか？**」
お客様「今回のソフトで作業時間が半分になりました。それに伴って、今までできなかった仕事もこなせるようになりました。こうして見てみると、随分効率的になって、精神的にも楽になりましたね」
営業マン「それはよかったですね」

まず過去の状況から聞いて、現在どのようになったかを聞きます。比較して、どう違うかを聞いてもらうと、はっきりと変化が見えるでしょう。

また、売上などの具体的な数字の場合は次のようになります。結果が表れていなくても、結果をつくり上げる行動に焦点を絞ってもらえば、必ず変化は見えるのです。

営業マン　「○○さん、このサービスを使う以前はどのような状況でしたか？」
お客様　「売上が低迷して、状況は良くなかったですね」
営業マン　「現在はどうですか？」
お客様　「まだ、売上には具体的に表れていないようですね」
営業マン　「そうですか。現状の変化はありますか？」
お客様　「面会数が増えてきました」
営業マン　「なるほど。どれぐらい増えてきましたか？」
お客様　「平均して、２件は増えてきていると思います」
営業マン　「なぜ、増えたのですか？」
お客様　「以前より営業マンがやりやすくなったと言っていますね。皆、元気になってきたようですね」
営業マン　「なるほど。では**以前と比べてどう違いますか？**」
お客様　「売上を上げるための行動が出てきたように思います。特に、営業マンのモチベーションが高くなっています。必ず結果に表れてくると思います。おかげさまで、希望が出てきましたよ」

営業マン　「それはよかったですね」

目標を達成していないからといって恐れる必要はありません。そこに向かって変化しているのです。このような会話をすることは、お客様にとっても、営業マンにとっても非常に自信になるのです。

41 「今後どのようになっていきそうですか？」で、さらなるメリットを実感してもらう

現状の変化から未来を見てもらい、さらにメリットを実感してもらう質問です。これによって、採用したことの価値を実感し、この投資が間違いないものだったという確信を持ってもらいます。それが、周りの人にも紹介してあげたいという形になるのです。

営業マン　「○○さん、このサービスを使うことで、今後どのようになっていきそうで

すか？」

お客様　「別の仕事に時間が取れるようになります。特に企画の時間が取れますね」
営業マン「たとえばどのような企画ですか？」
お客様　「特に、別部門の立ち上げの企画に対して時間が取れますね」
営業マン「そうなれば、今後どのようになっていきそうですか？」
お客様　「今まで1～2年進まなかったことを、やっと進めることができます」
営業マン「なるほど。それがどうなっていきそうですか？」
お客様　「自社の別部門が立ち上がれば、当社としては別部門で利益を上げることができますね」
営業マン「なるほど。それは本当によかったですね」

このように未来をどんどん描いてもらうことで、その効果を実感します。
私たちは多くの場合、現実だけを見ています。そこで、営業マンが未来に対して質問することにより、未来を描いてもらい、その投資メリット、価値を実感してもらうのです。
このような質問をしなければ、未来はなかなか描けないのも事実です。

42 「現在の課題は何ですか？」で、新たな提案ができる

さらに聞いていただきたいのは、次の課題への質問です。課題を解決することによって、お客様はさらに前進することができますし、営業マンはますます役立つことができるのです。それは具体的アドバイスであるかもしれませんし、追加販売であるかもしれません。その解決に向かう会話が、さらにお客様から感謝され、紹介にもつながるのです。

営業マン「○○さん、当社のサービスがお役に立てているようでよかったです。そういうなかで、**現在の課題は何ですか？**」
お客様「そうですね。今回のソフトで事務作業の簡略化を目指したいですね」
営業マン「そうですか。現在はどのような作業をやっていらっしゃるのですか？」
お客様「今はですね……」
営業マン「それなら、今のソフトでも対応できると思いますよ」
お客様「本当ですか！」

営業マン　「お教えしましょうか？」
お客様　「ぜひ、お願いします」

現在の商品・サービスで役立っていたなら、営業マンへの信用度も増しています。課題を聞けば、さらに心を開いて相談されます。

相談に乗ると、信用が倍増して、信頼につながるのです。それが**感謝につながり、追加販売や紹介にもつながる**のです。

売れる営業は、口コミの重要性を知っている

43

「紹介で広がっています。周りの方にご紹介いただけますか？」で、常に紹介を意識付ける

売れる営業は、紹介によって営業を展開しています。ただ、紹介を待っているわけでは

ないのです。前にもお話ししたように、お客様はいいと思っていても、紹介をどのようにすればいいかわからないからです。

今回はその方法をご紹介しましょう。まずはこの質問です。これがお客様に紹介を意識してもらう第1段階です。

営業マン「私どもはほとんどが口コミ、**紹介で広がっています。**私の話がお役に立てば、**周りの方にもご紹介いただけますか？**」

お客様「もちろんいいですよ」

営業マン「そう言っていただければうれしいです。きっと今日の話を喜んでいただけると思いますよ」

お客様「それは楽しみです」

このように言って、プレゼンテーションをスタートさせるのです。これには多くのメリットがあります。

①口コミ、紹介で広がっているという話で、商品・サービスの価値を高める
②お客様に商品・サービスがいいものだという意識を持たせる
③営業マンが自分のプレゼンテーションの内容を良いものにできる
④プレゼンテーションが終わった後に実際に紹介してもらいやすくなる
⑤契約に至らなくても紹介をもらえる

多くの営業マンは自分の商品・サービスの説明をすることだけに必死で、その後の紹介を考えていません。

このフレーズは紹介の布石を打つ意味もありますし、プレゼンテーションの内容そのものを良くするためのものでもあります。このわずかなフレーズを言うことによって大きな差になります。必ず言うようにするといいでしょう。それによって紹介がもらいやすくなるだけではなく、プレゼンテーションの内容が変わり、自分の意識も変わり、お客様に大きな影響を与えることができます。

44 「この内容をお伝えしたい人はいますか？」で、貢献という気持ちを持ってもらう

お客様が営業マンからプレゼンテーションを聞いた直後というのは、お客様は具体的に役立つイメージができています。特にお客様のニーズや欲求について前もって話をしていて、解決策として商品・サービスの説明をしているならなおさらです。

お客様の心にしっかりと届く話になっているでしょう。そういうときに、お客様は意外と自分の友人などにこの話を聞かせてやりたいと心の中で思っているものです。そこで、このように言って、お客様自身のお役立ちの気持ちを引き出せばいいのです。

営業マン　「この内容をお伝えしたい人はいますか？」

お客様　「そうですね。いますね（いないことはないですね）」

営業マン　「喜んでいただけそうですか？」

お客様　「話だけでも役立つのではないかと思いますね」

営業マン　「そう言っていただければ、うれしいですね。どういう方ですか？」

お客様「営業をやっている方ですね」
営業マン「そうですか、どのように役立ちますか？」
お客様「営業に困っているのでこの方法を知ると喜びますね」
営業マン「それは、お役に立てそうですね。他にもいらっしゃいますか？」
お客様「もう一人、いますね」
営業マン「そうですか。その方々にお役立ちの気持ちで言っていただけますか？」

このように言っていただくと紹介が始まります。重要なのは、**あくまでもお役立ちという気持ちで紹介してもらうこと**です。また、**紹介の目的はあくまでも情報提供**であり、契約してもらうことではありません。

この後に紹介してもらう名前を記入できるカードなどを出し、具体的に名前と情報を聞くのです。どのような形で紹介してもらえるのかを具体的に聞いていけば、紹介を実現できます。

45 「○○さんに役立つと思うよ」と言ってもらい、気軽に会ってもらう

紹介の目的は、お役立ちです。お客様の紹介者へ商品・サービスの情報提供をすることです。

お客様は営業マンに商品・サービスを買う人を紹介しないといけないと思っていますし、営業マンもそのようなニュアンスで言ってしまいがちです。**営業とは情報提供であるということをお互いが理解することです。**それによって、お客様を非常に紹介をしやすくなるのです。

営業マン　「○○さん、よろしければその方に『私もすごくためになったんだ。△△さんにも**その営業マンの話は役立つと思うよ**』と言っていただけますか?」

お客様　「いいですよ」

営業マン　「実際、聞いていただいた方には喜んでいただいています。今日の話、情報だけだとしても、お役に立ったのではないですか?」

お客様　「そうですね。確かに再度考えさせられました」
営業マン　「ご理解いただきありがとうございます」

最後にもう一度話を聞いてどうだったかを再確認してもらうのもいいでしょう。繰り返しになりますが「営業マン＝売る人」という考えを多くのお客様は持っています。**「営業マン＝情報提供する人」「営業マン＝欲求・ニーズや課題を解決してくれる人」**という位置付けに変えてもらうことです。

これがわかると、紹介は「貢献の行為」「お役立ちの行為」となり、スムーズに紹介してくれるのです。

問題になるのは、そのような気持ちで言っても、断られる場合です。この断りにお客様が遭うと非常にがっくりとして、紹介をしたくなくなります。なぜなら、「喜んでくれるだろう」と思って紹介をしたからです。そのようなときのために、次のような言葉をつけ加えておくことが重要です。

営業マン　「〇〇さん、紹介をしていただいたときに、『今は必要ない』などと言われる場合があります。ご経験ありませんか?」

お客様「ありますね」

営業マン「自分がいいと思ってやっていることが紹介者にはしっかり伝わっていないからですね。そうではないですか?」

お客様「そうですね。確かにありますね」

営業マン「そうなんですね。そのときにぜひ言ってください。『採用する必要はないからね』と。あくまでもその営業マンの話を聞いて役立てるだけのつもりで、気軽に会えばいいよって」

お客様「なるほど。わかりました」

営業マン「また、それでも頑なに断られるようなら無理をしないでください。お相手にもタイミングがあると思います。その後にわかってもらえるチャンスがありますので」

お客様「そう言ってもらえば、気が楽になりますね」

このように言っておくと、お客様は非常に気が楽になるのです。そして、断られることもあるとわかったうえで、紹介をしてくれます。その結果、紹介の数も増えてくるのです。

46 「何かご紹介において気になることはないですか？」で、紹介者の負担を取り除く

人は、自分が良かったことを人にも教えてあげたいと思っています。人には「貢献欲」があります。ところが、そのように思っていても別の気持ちも持っています。「余計なことをすると、おせっかいと思われて嫌がられるのではないか」というものです。お客様は紹介を負担に感じるのです。

その他、「迷惑に思うのではないか」「私が紹介して断られたら、今後その人と気まずくなるのではないか」「私の紹介で無理に購入するのではないか」などもその類いです。また営業マンに対しては、「採用してもらわないとがっくりさせるのではないか」「採用してもらわないと私自身の影響力が弱いと思われるのではないか」とさまざまなことを気にして、紹介を躊躇するのです。

紹介への負担を取り除かなければ、スムーズに進みません。そこで、次の質問が役立つのです。

営業マン　「**何かご紹介において気になることはないですか？**」
お客様　「そうですね」
営業マン　「何でも、遠慮なく言ってください」

このような質問で入っていきます。お客様はすぐには言わないことが多いので、「遠慮なく」という言葉が役立ちます。

ここからはフレーズ10「反論や逃げ口上に対し、共感＋『実はそういう方にこそ』で、アプローチやクロージングが嘘のようにうまくいく」のパターンを使うのです。しっかりと共感し、褒めたうえで、「実は……」と展開すればいいのです。第1段階では「共感＋たとえば？」」。第2段階では「共感＋具体的には？」」。そして、第3段階では「共感＋実は……」となります。

〈紹介者に対して「おせっかいと思われるのでは？」と思う場合〉
お客様　「そうですね。紹介者に迷惑になるのではと思いましてね」
営業マン　「なるほど。**たとえば、**どういう場合ですか？」（第1段階「共感＋たとえば？」）

お客様　「紹介などすると、おせっかいに思われるのではないかと思いましてね」

営業マン　「**具体的には、**そのときに何か思われることはありますか？」（第2段階「共感＋具体的には？」）

お客様　「『余計なことをする』なんて思われないかなと思いまして」

営業マン　「なるほど。○○さんは、やさしい方ですね。大丈夫なんです。**実は、**私どもはあくまでも情報の提供と思っているからです。この情報だけでも喜んでいただけると思われませんか？」（第3段階では「共感＋実は……」）

お客様　「そうですね」

営業マン　「そうなんです。当然、採用する、しないは相手の方のご判断だと私どもはしっかり理解していますから。それなら大丈夫ではないですか？」

お客様　「なるほどね」

その他の「負担を与えるのではないか」以下の場合も同じようなパターンで対処してください。実際に、お客様と営業マンのトークとして紙に書き出すといいでしょう。

第6章

なぜ、売れる営業は自問自答を繰り返すのか？

売れる営業は、「自分への質問」の重要性を実感している

売れる営業は、「自分への質問」を常にしています。そこから、創意工夫を繰り返しているのです。最も重要なのは、「自分への質問」から「自分の思いが考えに、そして行動に昇華する」感覚を実感し、それをお客様にも応用していることです。

まず自分の心理を理解すること

第4章の「クロージングがわかる行動原則」で、人間の心理について次のように話しました。

「人は誰でも、自分が感じ、思っていることがあり、その通りに行動したいと思っている」ということです。この心理に基づいて「人は『感じる・思う→考える→行動』で進んでいく」とも話しました。

最終章では、「その思いが強ければ強いほど、早く行動となって現れる」ことをお伝えします。

例えでお話ししましょう。あなたもたぶん、車の運転をされるでしょう。運転免許証を取ったときのことを思い出してください。あなたは子どもの頃、大人たちが車を運転するのを見て「自分も車を運転できるようになりたい」と思ったことでしょう。運転免許を取れる年齢になり、その思いを一層強く持ったはずです。

そこであなたは、運転免許を取るために、自動車教習場に通いました。

そして、教習場で「仮免」「本免許試験」と合格し、運転免許を取ることができたのです。免許を取った後も、暇を見つけては車の運転をして、なんなく運転できるようになったのです。

この例は何を意味しているのでしょう。「自分が感じ、思った通りに動きたい」と思っていて、それを「考える→行動」へと進めていったということです。このあなたの感じたこと、思ったことが強ければ強いほど、その考えを行動へと進める力は強く、素早く行動に移し、実現させるのです。つまり、**「あなたの思いが強ければ強いほど、早く行動となって現れる」**のです。

自分への質問を深めるほど、お客様にも同じことができる

「人は自分が感じ、思った通りにしか動かない」「感じる・思う→考える→行動」「その思いが強ければ強いほど、早く行動となって現れる」を、あなたが深く実感できると、お客様に対しても同様のことができるようになります。

「自分への質問」を深めれば深めるほど、あなたの「感じ」「思い」は強まり、「その思いを実現する方法」を真剣に考えるようになるのです。考えが明確になってくると、自ら行動を起こしたくなるのです。この状態になると、あなたは「自ら行動する」のです。

この経験を積むと、あなたは「お客様への質問」もうまくできるようになります。今まで以上にお客様に対する「感じ」「思い」を深め、考えられるようになるのです。考えが明確になると、お客様自らが行動を起こしたくなり、「自ら行動する」ようになります。この段階で「その思いを実現する方法」として、営業マンは商品・サービスを提案すればいいのです。

ですから、**「自分への質問」を深めることで、「お客様への質問」もうまくなり、「お客様が自ら買いたくなる営業」「お客様が自ら買う営業」を実現できるようになる**のです。

売れる営業は、お客様以上に、自分に対して質問している

47 売れる営業は、「私の目標は何か？」を常に問い、言い聞かせている

●自分にどう役立つか？

営業マンだけでなく、ビジネスパーソンにとって、「目標」という言葉はなんとなく重たく感じるようです。やらなければいけないもので、プレッシャーを感じるからです。

売れる営業は「目標」に対して、このような感覚がまったくありません。むしろ、励みであり、喜びを与えてくれるものなのです。それは次のような理由からです。

①**目標とは「目印」です**。目印があるから、そこに焦点を絞ることによって、確実に自分を進ませることができると知っています。具体的数量、具体的現象、期日などがはっきりすればするほど、焦点を絞りやすくなり、進みやすくなるのです。

目印があるからこそ、そこに向かう方法、計画なども具体的につくり上げることができるのです。目印がないと、合わせる焦点もありません。ですから、その場所に居続け、新しい世界を見ることも、楽しむこともできないのです。いつも同じ世界であり、マンネリ化して退屈な日々になってしまいます。

目標があると新しい世界を体験でき、新鮮でワクワクするような日々がやってくることを、身をもって体験しているのです。

②目標とは「成長させてくれるもの」です。 目標があると自分は何をしなければいけないのか、どのようなことをする必要があるのかがわかってきます。自分を成長させることができるようになるのです。

目標がなければ自分を変える必要もないので、成長することもありません。いつもの自分がいるだけで、新しい自分を発見することはないのです。

目標があると、自分が変化するので、常に新しい自分を発見できるのです。それは、興奮であり、喜びです。毎回、どんな自分になっているかを楽しみにでき、常に新鮮な日々にすることができるようになります。それは未知との遭遇であり、今までと違う新しい自分との出会いなのです。

③目標とは「夢、ビジョンの実現の道」です。 目標は、新しい世界に導いてくれるものです。現実的な収入、ポジションなどをさらにアップさせてくれるものでもあるでしょうが、それ以上に、自分の人生における夢、ビジョンの実現の道なのです。身近な目標を達成することにより、大きな夢、ビジョンの達成方法や自信を得ることができるのです。

アルプスを登頂できる人は、身近な登れる山から挑戦するのです。そこで、達成方法を学び、登頂のために自分自身を鍛えます。それが、アルプスを登頂できる道筋になるのです。大きな目標を達成するには、まず小さな目標を達成することです。

④目標とは「喜び」です。 目標は自分を新しい世界に導いてくれ、メリットを与えてくれ、自分を成長させてくれるものです。すべてが喜びなのです。目標に到達するために、やらなければいけないことは当然あるでしょう。それらはすべてにおいて自分を高めてくれるものです。

売れる営業は目標に対して、このような観点を持っているのです。目標を手放すことなく、いつも身近においています。その目標の効果、喜びをいつも実感しているのです。

ただ一つ、この効果を働かせるために、やらなければいけないこともわかっています。それは、「常に問い、言い聞かせる」ことです。いくら自分にとって大事で、必要なものでも、印象が弱まることがあるのです。なぜなら、人間は忘れる生き物だからです。売れる営業はそのこともよく知っています。ですから、常に「私の目標は何か?」を問い、言い聞かせているのです。

●営業でどう役立つか?

売れる営業は目標を明確にすることが自分にとって良いことだとわかっているので、当然、お客様にも良いことだとわかっています。だから、お客様の欲求・ニーズを聞けるのです。

目標が自分にとって苦しいものであれば、お客様には聞けません。売れる営業が自分の目標を問うことができるので、お客様にも欲求・ニーズを問うことができるのです。

さらに、売れる営業は目標に対する捉え方が違うので、明るい会話になるのです。

48 売れる営業は、「どのようなことが良かったのか？」を面会の後で振り返っている

●自分にどう役立つか？

売れる営業は、「振り返り」の重要性を知っています。自分の日常を振り返り、うまくいったことは「何が良かったのか？」と質問し、自分に自信を与えているのです。逆にうまくいかなかったことは、「今後どのように改善すればいいのか？」を質問して、自分の改善に役立てています。最も重要なことは、良かったこと、うまくいかなかったことをしっかりと見つめて、自分に活かしているということです。

それは昨日今日に限ったことでなく、先週、先月、半年、前年、3年前、5年前……に対しても「振り返り」を行うのです。「振り返り」とは、現在地と自分の成長を確認し、改善項目を確認することなのです。それは、**自分が目指す目標にどれくらい近づいているかを確認することでもある**のです。結果として、目標への計画を見直し、軌道修正を行えます。

「振り返り」の質問をすることによって、すべての出来事を肯定的に受け止め、活かすこ

とができているのです。

もちろん、毎日の営業の「振り返り」では、「私の営業でどのようなことが良かったのか?」「どのようなことを改善する必要があるのか?」という質問を毎回行い、次に活かしていくのです。これにより、営業はどんどん改善されて、営業としての力が確実についていくのです。

「振り返り」とこの次の「シミュレーション」については、『「3つの言葉」だけで売上が伸びる質問型営業』(ダイヤモンド社)の第4章「今日のことを明確にし、振り返ると営業力は倍増する」で実際のシートとその記入方法も用意し、具体的に説明しています。

●営業でどう役立つか?

売れる営業はお客様との面会においても、お客様に質問をします。会話の言葉、内容などのすべてを受け入れ、肯定的に捉えることができています。どのような内容でも受け入れることができるので、あらゆる答えに対して、さらに突っ込んだ質問をすることができるのです。

このように、売れる営業は躊躇なくお客様に質問ができるのです。それは「振り返り」

の質問を自らが行っているからです。

49 売れる営業は、「今日の面会をどのように行うか？」を常にシミュレーションしている

●自分にどう役立つか？

売れる営業は「振り返り」の質問を行い、過去の出来事から自信と改善を得ています。そしてそれを未来に活かしているのです。特に、自分の目標、日々の仕事や面会に活かしているのです。

売れる営業は、具体的なシミュレーション（模擬体験）を行います。フレーズ47「売れる営業は、『私の目標は何か？』を常に問い、言い聞かせている」でお話ししたように、売れる営業は目標を常に持って日々を生きているのです。その中で未来に対しての目標と計画のシミュレーションを行い、その実現への行動を点検し、そこに向かわせるのです。その未来は、長期的なものから短期的なものまであります。特に短期的なものは状況がわかっていることが多いことから、具体的にシミュレーションを行います。

なかでも重視するのは、面会です。売れる営業は「今日の面会をどのように行うか？」

という質問を行い、具体的にシミュレーションするのです。現状を分析して、相手の欲求やニーズ、障害を予測し、解決策や具体的な行動をシミュレーションするのです。

これによって、実際の面会では、落ち着いて、自信を持って、相手に対応できるのです。

売れる営業には、「ああすればよかった」「こう言ったほうがよかった」などの後悔がありません。それは、事前にシミュレーションしているからです。シミュレーションと違ったときは、「では次は……のようにしよう」となるのです。

このシミュレーションは電話アポイントや飛び込みなどで、新しく数多くのお客様にアプローチする場合にも役立ちますし、人前でプレゼンテーションを行う場合にも役立ちます。

このように、売れる営業は「今日の面会をどのように行うか?」という質問からシミュレーションを行い、ベストな対応をするだけでなく、今後に活かすことで、ますますこのシミュレーションがうまくなるのです。

●営業でどう役立つか?

シミュレーションすることにより、予測し、自信を持って面会することができるのです。

シミュレーション通りでなくても、自信を持つことから対応力を引き出すことができるのは大きなメリットだといえるでしょう。

面会では、お客様の現状、また、欲求やニーズ、課題について話してもらい、さらにそれをどのように解決するかを話してもらうのです。シミュレーション通りに行えば、自ずと解答が導き出され、営業における商品・サービスの提案が自然にできるようになるのです。

これによって、お客様から「自分のことをよくわかってくれる営業マンだ」という信頼を得ることもできるのです。

50 売れる営業は、「たとえば？」「なぜ？」「ということは？」を自分に深く質問している

●自分にどう役立つか？

売れる営業は、「私の目標は何か？」「私の営業でどのようなことが良かったのか？」「どのようなことを改善する必要があるのか？」「今日の面会をどのように行うか？」などの質問を自らに行い、自分自身が自発的に動くように常に仕向けています。

常に質問を自らに与えることで自らが納得し、腑に落ちる感覚、気づく感覚、行動へのモチベーションが上がる感覚を大事にしています。さらに深いところにある気持ちや本音にたどり着くため、質問に創意工夫をしているのです。

それを行う方法が2つあります。

①自らへの質問は、問いただすのではなく、引き出すのです。自分自身が感じ、思ったこと、考えたこと、行動したことを全面的に受け入れましょう。否定することなどは一切せず、すべてを肯定し、受け入れるのです。そのうえで、自らの思い・考えを引き出します。

②返答を深めるために、3つの質問「たとえば?」「なぜ?」「ということは?」を使います。

「たとえば?」:具体的事例です。「たとえばどのようなことがあったか?」「たとえばどのようになるか?」具体的に考えることにより、より実感を持って考えるようになります。

「なぜ?」:その返答を言った理由、動機などを探る質問です。「なぜそのように考えられたのか？」「なぜそのように思ったのか？」と深めると、価値観や自分が大事にしていることがわかってきます。

「ということは？」：結論を導き出す質問です。「ということは、どうすればいいと思うか？」結論を自分で引き出すことにより、自ら動き出すのです。

この3つの質問を何度も使い、掘り下げ、最終的に結論を導き出します。

この2つの方法を行うことにより、自分の深い部分に気づくのです。ですから、納得して、自発的に動けるようになるのです。

●営業でどう役立つか？

質問は深めることが最も重要です。深めることによって、お客様自身も気づいていなかった本音の深い部分にたどり着くからです。それは自分が大事にしている生き方であり、目指したいものなのです。それにたどり着かせてくれるのは、これらの深める質問なのです。ところが、それに自分がたどり着けることがわからなければ、お客様にこのような質問をすることができないのです。「あまり個人的なことまで立ち入ると、嫌がられるのではないだろうか？」「怒られるのではないだろうか？」と思うからです。しかし、決してそんなことはありません。自分の深い部分の本音や大事にしていることに気づかせてくれたことのほうがありがたいのです。

その感覚は自らの質問で実感していなければ、決して理解できるものではないのです。そういう意味で、質問を深めることは、自らがやっていなければできないことでしょう。あるいは、自分が深めていけるレベルに応じて、お客様に質問し、深めることができるのです。

おわりに

質問型営業の効果を誰よりも感じているのは私自身です。質問型営業は、私の実践から出来上がりました。実践を通して、「なぜこれほどまでに効果があるのか?」「なぜこんなにも楽しいのか?」「何が以前の説明型中心の営業と違うのか?」と自問自答を繰り返しました。そして、分析し、理論化・体系化しました。

結果、2つの原則「人は自分が感じ、思った通りにしか動かない」「営業（仕事）とはお役立ちである」と、2つの方法「コミュニケーションは『好意—質問—共感』」「質問は『現状・欲求・問題課題・解決策・欲求の再確認・提案』の順番」が生まれ、誰が使っても効果が出るような再現性を持たせることができるようになったのです。

質問型営業の指導を始めて、多くの企業や個人へと広がってきました。その間にも分析を繰り返し、もっと誰にでも簡単に実践できるようにと取り組んでまいりました。

その集大成として、この本を書きました。特に今回の本は、フレーズを細かく具体的に載せています。営業のそれぞれの段階で「どのように質問するのか?」「なぜ、この質問を使うのか？」「どのようにフレーズを使うのか？」など、なるべく忠実に表現をしました。アプローチからフォローアップまで、指導している基本のフレーズが網羅されています。これらは、まさに多くの人が知りたがっていた質問を中心とした会話のフレーズ集です。

私は書き上げたこの本を読んで正直自分でも驚きました。「この本の内容を実践さえしてもらえば、質問型営業の実感をつかむ」「これを忠実に実行する人は、この本で質問型営業を理解する」と感じたからです。「きっとこの本は、質問型営業の指導をしている当社の強力な助っ人になる」という感覚です。

さらに、2015年5月からスタートした無料ポッドキャスト（インターネットラジオ）の「青木毅の質問型営業」を聞いてもらえば、質問型営業の実践での精度は、ますます上がるだろうとも感じました。

私どもの理念は「日本の営業概念を『質問型営業というお役立ちを第一に考えた営業』に変える！」ことです。営業という職業のイメージの切り替えです。そのためには、数多くの人に質問型営業の良さを知ってもらい、実践してもらう必要があるのです。そう考えると、この本こそが当社の理念を加速させるものなのです。

質問型営業で、お客様の立場に立ったお役立ち営業をぜひ実践していただきたいのです。本当の意味でお客様に喜ばれ、感謝される営業の感覚を一人でも多くの営業に味わっていただきたいのです。

現在、新卒者が選ぶ職業の中で最も就きたくないものが「営業」と聞きます。私は、これに少なからずショックを受けました。これは、営業という職業に就いている私たちの責任です。営業という仕事に就いている私たちがいきいきと働いているように見えないのです。これから社会人となる学生たちが、私たちの営業を見て、「この人のようになりたい！」と思ってもらいたいものです。

子どもたちには営業という職業がまだわからないでしょう。しかし、「営業」という仕事に憧れを持つ時代をつくりたいとも思っています。

私どもは質問型営業をますます広めていきます。2015年には、質問型営業の土台にある「質問型コミュニケーション」を広めるために、一般社団法人質問型コミュニケーション協会を立ち上げました。営業の分野のみならず社内、友人、家庭などの人間関係にも、「質問型コミュニケーション」を活用してもらうために動き始めました。実際、質問型コミュニケーションは大阪府や東京都などの自治体で、7年連続で採用、高評価をいただくなど実績も積んでいます。

まずは、この本を手にとっていただいたあなたとの出会いをうれしく思っています。この最後のページまで読んでいただいたからには、ぜひとも質問型営業を実践していただきたいと願っています。その変化、成果をメールや葉書、ポッドキャストへのお便り、直接電話などで聞かせていただければ本当にうれしく思います。心よりあなたのお声を待っています。

最後に、前回、今回の出版に関して、温かくも的確にご指導いただいたダイヤモンド社の武井康一郎さん、そして、いつまでも私を見守り、応援し続けてくれている今年90歳の父と85歳の母に心から感謝を申し上げます。

2016年3月

青木　毅

［著者］

青木毅（あおき・たけし）

1955年生まれ。大阪工業大学卒業後、飲食業・サービス業・不動産業を経験し、米国人材教育会社代理店入社。88年、セールスマン1000名以上の中で5年間の累積業績1位の実績をあげる。97年に質問型営業を開発。98年には個人・代理店実績全国第1位となり、世界84か国の代理店2500社の中で世界大賞を獲得。株式会社リアライズ（本社：京都府）を設立後、2002年に質問型セルフマネジメントを開発。大阪府、東京都など、自治体への質問型コミュニケーションを担当指導する。08年、質問型営業のコンサルティングを企業・個人に向けてスタート。現在、大手カーディーラー、ハウスメーカー、保険会社、メーカーなどで指導を行い、3か月で実績をあげ、高い評価を得ている。16年、一般社団法人質問型コミュニケーション協会を設立。一般の方々への質問型コミュニケーションの普及を開始している。

Podcast番組「青木毅の質問型営業」は累計ダウンロード数が150万回を超えている。

著書には、『「3つの言葉」だけで売上が伸びる質問型営業』（ダイヤモンド社）などがある。

「質問型営業®」「質問型マネジメント®」「質問型セルフマネジメント®」「質問型コミュニケーション®」は株式会社リアライズの登録商標です。

3か月でトップセールスになる

質問型営業最強フレーズ50

2016年3月25日　第1刷発行

著　者——青木毅

発行所——ダイヤモンド社

〒150-8409　東京都渋谷区神宮前 6-12-17

http://www.diamond.co.jp/

電話／03·5778·7232（編集）03·5778·7240（販売）

装丁————重原隆

本文デザイン —大谷昌稔

製作進行———ダイヤモンド・グラフィック社

印刷————信毎書籍印刷（本文）共栄メディア（カバー）

製本————川島製本所

編集担当———武井康一郎

ISBN 978-4-478-06907-3